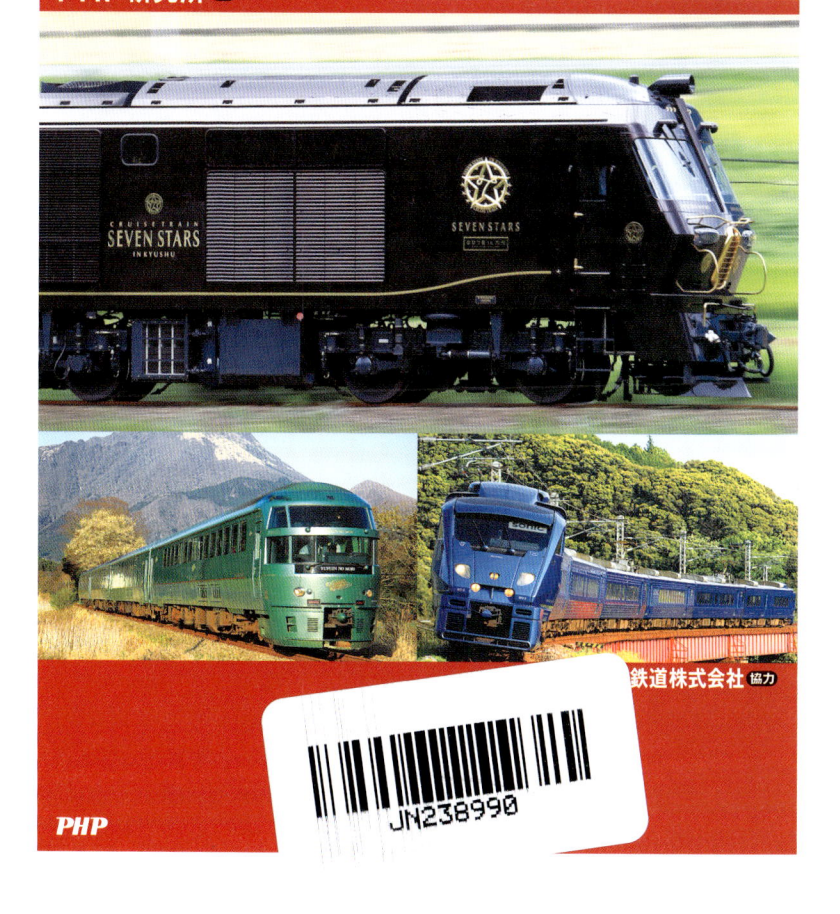

JR九州のひみつ

PHP研究所 編

JR九州のひみつ
CONTENTS

1章 新時代を迎えるJR九州

- ▶ 総論 ❶ 四半世紀を超え、ますますパワーアップ！JR九州の実力 …… 8
- ▶ 総論 ❷ 魅力的で個性的なJR九州の車両たち ……………………… 10
- ▶ 総論 ❸ 乗客重視のサービスを提供するJR九州の駅の魅力 ……… 12
- ▶ 総論 ❹ 魅力的な観光地が数多いJR九州の沿線 ………………… 14
- ▶ 総論 ❺ 人口30万以上の中核都市が連なるJR九州の沿線 ………… 16

2章 JR九州の駅・車両基地のひみつ

- ▶ 博多駅 ❶ 多くの列車が頻繁に発着する九州最大のターミナル …… 20
- ▶ 博多駅 ❷ 多彩なサービスとショップが魅力〜JR博多シティ ……… 22
- ▶ モノレールが構内に乗り入れる北九州の表玄関〜小倉駅 ………… 24
- ▶ 重要文化財指定 大正ロマン漂うルネサンス建築〜門司港駅 ……… 26
- ▶ 機関庫とターンテーブルが現存！〜豊後森駅 ……………………… 28
- ▶ 世界的な建築家・磯崎新氏設計の駅〜由布院駅 …………………… 30
- ▶ ホームの柱に開業当時の古レールを使用〜鳥栖駅 ………………… 32
- ▶ 中九州最大のターミナル〜熊本駅 …………………………………… 34
- ▶ アミューズメントパークに変貌したターミナル〜鹿児島中央駅 …… 36
- ▶ 巨大なドーム屋根が魅力の駅ビル併設駅〜長崎駅 ………………… 38
- ▶ 東九州最大のターミナル〜大分駅 …………………………………… 40
- ▶ しゃれた外観が特徴 南国宮崎の玄関口〜宮崎駅 ………………… 42
- ▶ 観光地のゲートウェイ駅〜三角駅・阿蘇駅 ………………………… 44
- ▶ 各地に残る明治時代の木造駅舎 ……………………………………… 46
- ▶ テーマパークの表玄関〜ハウステンボス駅・スペースワールド駅 …… 48
- ▶ 肥薩線の山岳区間に連なる味わい深い〜大畑駅・矢岳駅・真幸駅 … 50
- ▶ JR九州の駅スタンプにはどんなものがあるの？ …………………… 52
- ▶ JR九州には何カ所の車両基地があるの？ …………………………… 54

- ▶ 新幹線全通時に新設された先進的車両基地、熊本総合車両所 ……… 56
- ▶ 「ななつ星in九州」を製作する小倉総合車両センター ………………… 58

3章 JR九州の路線のひみつ

- ▶ JR九州の列車種別にはどんなものがあるの？ ………………………… 62
- ▶ 九州新幹線の全通で激変した九州の交通体系 ………………………… 64
- ▶ 新たな需要喚起に期待が高まる九州新幹線西九州ルート …………… 66
- ▶ 九州の大動脈、鹿児島本線❶（門司港～久留米） …………………… 68
- ▶ 九州の大動脈、鹿児島本線❷（久留米～八代／川内～鹿児島）……… 70
- ▶ 東九州の基幹路線、日豊本線❶（小倉～佐伯） ……………………… 72
- ▶ 東九州の基幹路線、日豊本線❷（佐伯～鹿児島） …………………… 74
- ▶ 有明海を望む景勝路線、長崎本線 ……………………………………… 76
- ▶ 長崎県北部の重要路線、佐世保線 ……………………………………… 78
- ▶ 博多湾に隣接する砂洲を走る非電化路線、香椎線 …………………… 80
- ▶ 地下鉄に乗り入れる直流電化路線、筑肥線 …………………………… 82
- ▶ 観光客の利用も増加している地域路線、唐津線・大村線 …………… 84
- ▶ 筑豊地方の中心路線、筑豊本線・篠栗線 ……………………………… 86
- ▶ 九州北部のローカル線、日田彦山線・後藤寺線 ……………………… 88
- ▶ 由布院の観光輸送で大盛況、久大本線 ………………………………… 90
- ▶ 阿蘇の外輪山を眺める観光路線、豊肥本線 …………………………… 92
- ▶ ループ線とスイッチバックで鉄道ファンに大人気、肥薩線 ………… 94
- ▶ 観光利用も増加している南九州のローカル線、三角線・吉都線 …… 96
- ▶ 宮崎観光の拠点を結ぶ観光路線、日南線・宮崎空港線 ……………… 98
- ▶ JR最南端の路線、指宿枕崎線 …………………………………………100

4章 JR九州の車両のひみつ

- ▶ 日本初の豪華クルーズトレイン「ななつ星in九州」……………………104
- ▶ 観光列車のシンボル的存在「ゆふいんの森」 …………………………106
- ▶ 肥薩線活性化の切り札として登場「はやとの風」「いさぶろう・しんぺい」…108
- ▶ ハチロク牽引の観光列車「SL人吉」……………………………………110

- ▶ 高千穂鉄道の車両をリメイクした日南線の新エース「海幸山幸」……112
- ▶ 変遷を繰り返したユニーク車両の「あそぼーい!」……………114
- ▶ 人気の南九州の観光列車「指宿のたまて箱」「A列車で行こう」……116
- ▶ 九州新幹線部分開業時にデビュー、800系 ………………118
- ▶ 山陽新幹線に乗り入れるN700系8000番台 ………………120
- ▶ 丸みを帯びた車体で人気! 振り子式の特急形車両885系 …………122
- ▶ 青いフォルムが大人気の883系 ………………………124
- ▶ 旅の楽しさを積極的に演出した旧つばめ形車両、787系 ………126
- ▶ 新生JR九州を印象づけた中央ドアの特急形車両、783系 ………128
- ▶ 地下鉄乗り入れ用の直流形電車103形1500番台と303系 ………130
- ▶ 最新鋭の近郊形817系、ブルネル賞受賞の815系 ………………132
- ▶ JR九州初のVVVF車813系、同社のイメージを一新した戦略車811系…134
- ▶ 国鉄近郊形電車の生き残り、713系・717系・415系 ……………136
- ▶ JR四国から加入したディーゼル特急車、キハ185系…………138
- ▶ 国鉄の伝統を今に伝える気動車、キハ40系・キハ66・67形 ………140
- ▶ 低コスト・高サービスをめざしたステンレス気動車、キハ31形 ……142
- ▶ レディーメードのキハ125形、大出力の新型車キハ200形・キハ220形…144
- ▶ 九州島内で活躍する国鉄形機関車、DE10形 ……………………146

5章 JR九州の歴史

- ▶ 博多〜千歳川仮停車場間開業で始まった九州の鉄道史 …………150
- ▶ ドイツの技術を導入して建設された九州鉄道 …………………152
- ▶ 鉄道国有法により九州鉄道から国鉄へ ……………………154
- ▶ 関門トンネル開業で本州と陸続きに …………………………156
- ▶ 準急・急行を増発、九州内ネットワークが拡充 …………………158
- ▶ 交流電化による電気運転の開始 ……………………………160
- ▶ 新幹線博多開業で東京〜博多間が6時間56分に ………………162
- ▶ 大増発によって特急の30分間隔運転を実現 …………………164
- ▶ 国鉄再建法に基づき多数のローカル線を廃止…………………166
- ▶ 日本国有鉄道からJR九州へ …………………………………168
- ▶ 九州新幹線の部分開業で新たな需要を創出 …………………170
- ▶ ブルートレイン廃止から九州新幹線鹿児島ルート全通まで ………172

6章 JR九州トリビア

- ▶ 九州の鉄道シーンを変えた水戸岡鋭治氏デザインの車両たち ………176
- ▶ 向谷実氏を起用した九州新幹線の発車メロディと車内チャイム ……178
- ▶ ハイ・ファイ・セットが歌う洗練された社歌『浪漫鉄道』 …………180
- ▶ 九州の鉄道の歴史がわかる「九州鉄道記念館」ってどんな施設? ……182
- ▶ 博多と釜山を結ぶ高速船JR九州「ビートル」の実力 ………………184
- ▶ JR九州のCMにはどんなものがあるの? ……………………………186
- ▶ JR九州の魅力的なキャラクターたち ………………………………188
- ▶ JR九州エリア内の駅弁の魅力 …………………………………………190
- ▶ 九州新幹線西九州ルートで導入予定のFGTってどんな車両? ………192
- ▶ JR九州の電気設備のひみつ ……………………………………………194
- ▶ JR九州の橋梁にはどんなものがあるの? ……………………………196
- ▶ JR九州のトンネルにはどんなものがあるの? ………………………198
- ▶ JR九州の保安装置はどんなものなの? ………………………………200
- ▶ 「2枚きっぷ」「4枚きっぷ」ってどんな乗車券なの? …………………202
- ▶ 乗り放題が魅力!「旅名人の九州満喫きっぷ」と
  「HAPPY BIRTHDAY ♪ KYUSHU PASS」…………………………204
- ▶ 観光施設の入場券付き乗車券にはどんな種類があるの? ……………206
- ▶ JR九州の駅売店で販売されているお土産にはどんなものがあるの? ……208
- ▶ JR九州の旅行センター「JR九州旅行」 ………………………………210
- ▶ JR九州インターネット列車予約サービスってどんなシステム? ……212
- ▶ 全国の交通系ICカードと連動するJR九州の「SUGOCA」 …………214
- ▶ JR九州系列の宿泊施設にはどんなものがあるの? …………………216
- ▶ 多角化するJR九州の関連グループ ……………………………………218

- ▶ INDEX ……………………………………………………………………220
- ▶ 参考資料 …………………………………………………………………223

※本書の内容は2013年8月時点の情報に基づいています。
※JR九州承認済

写真提供：JR九州

1章
新時代を迎える
JR九州

写真提供：坪内政美

1987（昭和62）年に国鉄の分割民営化により誕生してから四半世紀、九州一円を営業エリアとする鉄道会社としてスタートしたJR九州は、新型車両の開発や新駅の設置を積極的に進め、九州の中核都市を結ぶ主要交通機関として現在に至っています。さらに、2012（平成24）年には中期経営計画「つくる2016」を発表。2016（平成28）年度までの株式上場を目標に、鉄道事業を核とした34社のグループ会社とともに多彩な事業を展開しています。

総論❶ 四半世紀を超え、ますますパワーアップ！JR九州の実力

KYUSHU RAILWAY COMPANY

JR九州は1987（昭和62）年、国鉄の分割民営化により誕生しました。高速道路との競争や沿線人口の減少といった厳しい経営環境下で、鉄道のサービス改善を進め、関連事業を多角展開し、収益拡大を図っています。

九州最大の都市・福岡市の表玄関である博多駅。コンコースは終日多くの利用者で賑わっている

積極策が奏功する鉄道事業

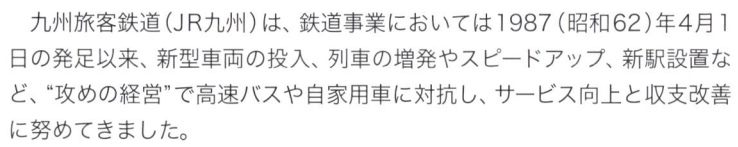

　九州旅客鉄道（JR九州）は、鉄道事業においては1987（昭和62）年4月1日の発足以来、新型車両の投入、列車の増発やスピードアップ、新駅設置など、"攻めの経営"で高速バスや自家用車に対抗し、サービス向上と収支改善に努めてきました。

　発足初年度末の1988（昭和63）年3月に行われたJRグループ最初の大規模ダイヤ改正では、いち早くJR初の新型車両、783系電車「ハイパーサルーン」を鹿児島本線特急「有明」に投入。斬新で快適な車両は、大好評を博しました。また、このダイヤ改正時には、新駅を一気に13駅も開業しています。翌年には、観光輸送に特化した特急「ゆふいんの森」（ディーゼルカー）がデビュー。その後も、「つばめ」「ソニック」「かもめ」などの新型特急列車だけでなく、ローカル線の観光列車や、通勤・通学用の電車・気動車にも、新型車両を次々に投入しています。

　待望の九州新幹線（鹿児島ルート）は、2004（平成16）年に新八代〜鹿児島中央間が先行開業。2011（平成23）年には博多〜新八代間も開業して全通し、関西・中国地方が九州に近づきました。

独自のカラーを演出するJR九州
ユニークな施策で鉄道界の寵児に

グループ会社とともに関連事業を多角化

　JR九州は鉄道事業のほか、旅行事業と事業開発が主な事業であり、駅周辺や沿線の開発事業、マンション事業なども直営で行っています。2004（平成16）年度以降は、営業ベースでもほぼ毎年、黒字を計上。2012（平成24）年に発表した中期経営計画「**つくる2016**」で、2016年度までにJR三島会社では初となる株式上場実現を目標としています。

　ただし、JR九州グループ全体でみると、鉄道運輸収入は全体の4割程度にすぎません。鉄道事業を核として、35社のグループ会社とともに、バス、高速船、駅ビル、ホテル、建設、飲食、物販、シルバー関連、農業など多彩な事業を展開し、「安全とサービスを基盤として九州、日本、そしてアジアの元気をつくる企業グループ」（「つくる2016」より）をめざしています。

JR九州グループは街づくりも進めている。写真は福岡市東区のMJRザ・千早

北九州市門司区にあるJR九州病院 写真提供：JR九州

2012（平成24）年度各駅乗車人員トップ30（1日平均）

順位	駅名	乗車人員	順位	駅名	乗車人員	順位	駅名	乗車人員
1	博多	108,867	11	福工大前	11,198	21	二日市	7,036
2	小倉	35,942	12	長崎	10,724	22	八幡	6,955
3	鹿児島中央	19,973	13	千早	9,930	23	久留米	6,871
4	大分	16,982	14	戸畑	9,825	24	鳥栖	6,748
5	折尾	16,322	15	赤間	9,296	25	行橋	6,633
6	黒崎	15,456	16	南福岡	9,009	26	九大学研都市	6,610
7	熊本	12,774	17	福間	7,351	27	古賀	6,478
8	佐賀	11,949	18	大野城	7,235	28	下曽根	6,434
9	吉塚	11,775	19	筑前前原	7,196	29	門司	6,203
10	香椎	11,732	20	九産大前	7,040	30	竹下	5,948

つくる2016……2012年度からのJR九州グループ経営5カ年計画。事業戦略として、「くらしを支え 物語を生み出す 強い鉄道づくり」「全ての事業による グループ総合力強化」「新規事業への どん欲な挑戦」の3つを推進する、としています。

1章　新時代を迎えるJR九州

総論❷ 魅力的で個性的なJR九州の車両たち

KYUSHU RAILWAY COMPANY

JR九州が当初から力を入れてきたのが、車両の刷新です。優れたデザインや車内設備で鉄道の魅力をアップ。幹線系のビジネス利用者だけでなく、ローカル線にも観光客を誘致して、地域の活性化にもつなげています。

◀ 独創的なデザインの車両を次々に投入 ▶

　JR九州の車両は、デザインを重視していることが特色です。その端緒となった車両が、1989（平成元）年に登場したキハ71形「ゆふいんの森」。幹線系特急用の783系電車と異なり、博多と由布院・別府などの温泉地を結ぶ観光特急の専用車両で、メタリックグリーンの外観が目を引きます。車内は木材をふんだんに使い、ビュッフェも設置。たちまち人気となり、翌年には1両増結して4両編成となりました。当時はアートギャラリーも設置されていました。

　この成功に力を得たJR九州は、個性豊かな車両を次々に導入します。一連のデザインを担当したのは、デザイナーの水戸岡鋭治氏。1992（平成4）年の787系特急「つばめ」が大好評で、一躍脚光を浴びました。その後、奇抜なデザインの883系「ソニック」で世間をアッといわせる一方、牛革張りシートで落ち着きのある885系電車「かもめ」もデザイン。2004（平成16）年の新幹線800系では、鹿児島産山桜材の木製ブラインド、八代い草の縄のれんなど、地元九州の自然素材や工芸品を数多く取り入れ、大いに話題になりました。

JR九州を代表する観光特急「ゆふいんの森」　写真提供：JR九州

水戸岡氏との出会いで広がる新世界
斬新な車両が続々と登場

乗って楽しい「観光列車」で九州全域に人を呼ぶ

　近年は九州中・南部のローカル線に、「観光列車」を投入しています。赤字だからと廃線にしてしまうのではなく、逆にローカル線を活用して地域を活性させるとともに、乗ることそのものが観光になるさまざまな種類の鉄道の旅を提案しています。

　2004（平成16）年の九州新幹線の部分開業に合わせて運行を開始した「はやとの風」「いさぶろう・しんぺい」を皮切りに、2009（平成21）年に「SL人吉」「海幸山幸」、九州新幹線が全通した2011（平成23）年に「指宿のたまて箱」「あそぼーい！」「A列車で行こう」が登場しました。いずれも**在来車両を改装**したものですが、運行路線に応じて、展望スペース、子供用の座席や遊び場、本棚、ビュッフェ、バーなど、それぞれ独創的な設備を持っています。

九州各地で活躍する観光列車にも力を注ぐ（写真は「いさぶろう・しんぺい」）

主な特急車両系列と使用列車

車種	車両系列	列車名
新幹線電車	800系	さくら、つばめ
	N700系8000番台	みずほ、さくら、つばめ
電車	783系	有明、きらめき、かいおう、かもめ、みどり、ハウステンボス、にちりん、ひゅうが、きりしま
	787系	有明、きらめき、かいおう、かもめ、みどり、にちりん、ひゅうが、きりしま、川内エクスプレス
	883系	ソニック
	885系	かもめ、ソニック
気動車	キハ183系1000番台	あそぼーい！
	キハ185系	ゆふ、九州横断特急、くまがわ、A列車で行こう
	キハ71形	ゆふいんの森（3・4号）
	キハ72形	ゆふいんの森（1・2・5・6号）

> **マメ蔵**
> **在来車両を改装**……「あそぼーい！」（キハ183系1000番台）、「A列車で行こう」（キハ185系）はもともと特急形車両ですが、「はやとの風」と「指宿のたまて箱」の車両は、一般形気動車のキハ47形を特急仕様に改装したものです。

1章 新時代を迎えるJR九州

総論❸ 乗客重視のサービスを提供するJR九州の駅の魅力

KYUSHU RAILWAY COMPANY

JR九州には大小566の駅があり、鉄道利用客だけでなく地域住民に親しまれる駅づくりに取り組んでいます。サービスの行動規範も作成され、覆面モニターの評価によるランキングも行っています。

駅は地域のランドマーク

　九州新幹線全通により、ますます多くの人が集まることになった博多駅。細かいところにも配慮が行き届いており、たとえばJR西日本とJR九州とで新幹線の出入口の色を変えて、視認性を向上させています。新幹線全通に合わせてオープンした駅ビル「JR博多シティ」も話題です。こちらは約230もの専門店を集結させた「アミュプラザ博多」、日本最大規模のレストランゾーンや九州初となる阪急百貨店のほか、屋上庭園、イベントホールなどの文化施設も抱える大規模な施設です。「アミュプラザ」については、小倉駅、長崎駅、鹿児島中央駅でも集客に成功しているようです。

　駅を地域のランドマークにする動きも活発で、たとえば久留米駅にはアート作品があふれています。**からくり太鼓時計**、世界最大のタイヤのモニュメント、ステンドグラス、レンガをあしらうデザインが目を引きます。また、待合室が改札口そばにあり、赤ちゃんの世話ができる多目的室も目立つ位置にあります。鹿児島中央駅では、改札内ホールに焼酎のショットバーを開業。さつま揚げを肴に焼酎を楽しむことができます。地元色を出す工夫は発車メロディにも及んでおり、熊本駅では熊本民謡「おてもやん」、鹿児島中央駅では「鹿児島おはら節」をアレンジしたメロディが流れます。

サービスの行動規範「5S心得」

　JR九州の社員一人ひとりの接客態度、安全運転への意識の高さも、駅の魅力を高める結果につながっています。社員一人ひとりが携行している、社員のサービス向上を狙う「5S心得」という姿勢・行動規範があるのです。整理整頓、言葉遣い、表情、電話の受け方など細かいところまでをカバーするもので、覆面モニターが厳しくチェックしており、無人駅以外の主要駅の総合ランキングまで作成しています。第1回の2003（平成15）年度には54.3点だった平均点も、2012（平成24）年度は87.8点と大幅にアップしました。

1章 新時代を迎えるJR九州

スタイリッシュで洗練された駅の数々 バリアフリー対策も着々と進行中

車両だけでなく駅も重要な観光要素のひとつ。写真の阿蘇駅は観光地の表玄関として和洋折衷スタイルに改装された

JR九州発足以降の新駅	
年度	新駅の名称
1987(昭和62)年	小森江、教育大前、鞍手、東水巻、香椎神宮、柚須、長者原、南行橋、旭ヶ丘、古国府、熊本工大前(現在は崇城大学前に改称)、新水前寺、姶良、慈眼寺
1988(昭和63)年	九産大前、春日、都府楼南、天拝山、新入、浦田、須恵中央、志井公園、諏訪、財光寺、豊後国分、石打ダム、いこいの村、加納
1989(平成元)年	けやき台、長里
1990(平成2)年	吉野
1991(平成3)年	千鳥、ハウステンボス
1992(平成4)年	平成
1993(平成5)年	舞松原、高田
1995(平成7)年	美咲が丘、吉富
1996(平成8)年	一本松、田吉、宮崎空港
1999(平成11)年	スペースワールド、久留米大学前
2000(平成12)年	陣原、弥生が丘
2001(平成13)年	大分大学前
2002(平成14)年	本城
2003(平成15)年	千早、新八代、新水俣
2005(平成17)年	九大学研都市、光の森
2007(平成19)年	歓遊舎ひこさん
2008(平成20)年	ししぶ、広木、久留米高校前
2009(平成21)年	新宮中央、神村学園前
2010(平成22)年	新鳥栖、新大牟田、新玉名、富合

筑肥線の九大学研都市駅。周辺には新しい街区が広がる

からくり太鼓時計……時計から流れる音楽は、『涙のリクエスト』『赤いスイートピー』などです。東芝創業者で「からくり儀右衛門」と称される田中久重の出身地であり、チェッカーズや松田聖子を生んだ地でもあることに由来します。

総論 ❹ 魅力的な観光地が数多い JR九州の沿線

KYUSHU RAILWAY COMPANY

JR九州の鉄道ネットワークは、九州内の有名観光地の多くを結んでいます。しかも、特急を使えば博多駅から乗り換えなしで行けるところも多いのです。さらに、駅自体が観光スポットとなるところもたくさんあります。

九州の観光地を結ぶJRの路線網

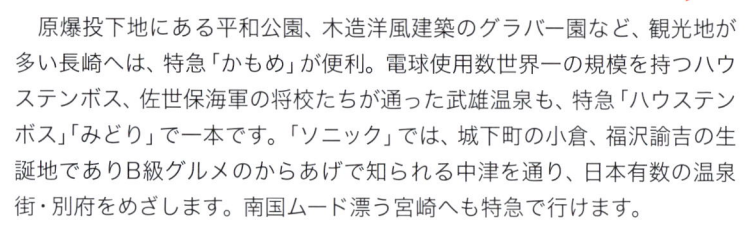

　原爆投下地にある平和公園、木造洋風建築のグラバー園など、観光地が多い長崎へは、特急「かもめ」が便利。電球使用数世界一の規模を持つハウステンボス、佐世保海軍の将校たちが通った武雄温泉も、特急「ハウステンボス」「みどり」で一本です。「ソニック」では、城下町の小倉、福沢諭吉の生誕地でありB級グルメのからあげで知られる中津を通り、日本有数の温泉街・別府をめざします。南国ムード漂う宮崎へも特急で行けます。

　九州新幹線全通により、熊本城を有する熊本、桜島への玄関口・鹿児島へも近くなりました。鹿児島から先も、「指宿のたまて箱」を使えば、指宿温泉もあっという間。武家屋敷の残る知覧にも寄りたいものです。

　全国的な知名度は低いエリアにも魅力がいっぱい。たとえば、日南線の飫肥駅周辺は城下町の情緒を残しています。

駅や車窓にも観光名所が

　また、JR九州には、駅だけで十分に楽しめるところが多数あります。最近はJR最南端の駅、指宿枕崎線の西大山駅で、開聞岳をバックに記念撮影す

左：古代から九州西部の信仰の拠点となっていた宇佐神宮。日豊本線宇佐駅が最寄駅
右：長崎屈指の観光名所である浦上天主堂。長崎本線長崎駅から路面電車で約15分

1章 新時代を迎えるJR九州

沿線には国際的な観光地が多数立地 近年はアジアからの観光客も増加！

日本離れした阿蘇の外輪山。豊肥本線の車窓からもその威容を堪能できる

鹿児島のシンボル桜島。鹿児島本線の鹿児島中央駅からバスとフェリーを乗り継いで行く　写真提供：JR九州

るのも人気です。1914（大正3）年築の門司港駅舎は、駅舎として初の重要文化財。屋根の時計台、真鍮製の巻き柱など、レトロ感にあふれます。父親が地元の炭鉱で働いていた高倉健にちなんで黄色いハンカチがなびく日田彦山線大行司駅、日豊本線では、鳥居と提灯が目立つ霧島神宮駅や、竹に覆われていて駅名標にある島津家の家紋が印象的な隼人駅も必見です。

車窓や駅周辺にも絶景ポイントが数多くあります。三角線は有明海と八代海の2つの海が一望できます。長崎本線の鳥栖〜佐賀間にある弥生時代の集落跡・吉野ヶ里歴史公園、佐世保線の上有田〜有田間で窯元の煙突が立ち並ぶ姿、筑肥線の浜崎〜東唐津間の「虹の松原」や大入〜鹿家間の海沿いのルート、篠栗線の城戸南蔵院前駅の世界最大級のブロンズ製涅槃像、筑豊本線の飯塚〜天道間の紅葉がきれいなボタ山など、挙げていけばきりがありません。

> **マメ蔵**　知覧……武家屋敷のほか、第二次世界大戦中の"特攻"に関する資料などを展示した史料館もあります。2日間有効の「指宿レール&バスきっぷ」を使えば、3,000円で、鹿児島〜指宿間の往復に加え、知覧にも立ち寄れます。

総論 ⑤ 人口30万以上の中核都市が連なるJR九州の沿線

KYUSHU RAILWAY COMPANY

九州には多数の人口を抱える都市が連なっており、各都市間を、魅力あふれるJR九州の路線や列車が結んで、人々の行き来を支えています。ここでは、人口30万人以上の8市に絞って、見ていきましょう。

博多を中心とした特急網で都市間を結ぶ

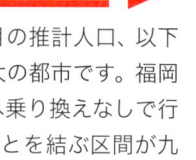

　福岡市は、平成25（2013）年5月に人口（2013年5月の推計人口、以下同じ）150万人を突破した、中国・四国・九州地方で最大の都市です。福岡市のターミナル・博多駅から特急を使えば、多くの都市へ乗り換えなしで行くことができます。福岡市と人口約97万人の北九州市とを結ぶ区間が九州の大動脈ですが、特急だけでも「ソニック」「きらめき」が利用でき、普通列車もほとんどの時間帯で約10分おきに出ています。また、人口約44万人の観光都市・長崎市は、博多から特急「かもめ」で約2時間です。

　九州新幹線（鹿児島ルート）は、博多と3つの大規模都市を結んでおり、人口約30万人の久留米市、約74万人の熊本市を経て、約61万人の鹿児島市に到達します。なお、熊本市は2012（平成24）年に、福岡市、北九州市に次いで九州3番目の政令指定都市となっています。

人口が150万人を突破した九州最大の都市・福岡市。写真の百道地区は1990年以降急速に開発が進んだエリアである

都市間連絡に便利な割引きっぷも

　北九州市の中心駅・小倉からは「ソニック」で、人口約48万人の大分市の大分駅まで約1時間半で到着します。大分駅から特急「にちりん」に乗り継げば、東国原前知事のPR活動で注目を集めるのに成功した人口約40万人の宮崎

活力あふれる都市を直結
通勤・通学輸送もますますレベルアップ

1章 新時代を迎えるJR九州

JR九州沿線の主要都市の推計人口と全国順位

全国順位	都市名	人口(2013年)
7	福岡市	1,500,899
13	北九州市	969,121
18	熊本市	738,656
23	鹿児島市	607,391
33	大分市	477,037
37	長崎市	436,160
47	宮崎市	402,258
71	久留米市	302,227

人口が70万人を超え政令指定都市に昇格した熊本市

61万人都市鹿児島市。桜島は市街地のシンボル的存在

港湾都市の長崎市。全国有数の観光名所としても知られる

へ約3時間。大分では同一ホームで乗り換えられるほか、特急料金を通算する特例も設けられています。博多と宮崎を直結する「にちりんシーガイア」も下り1本・上り2本が走っています。また、宮崎空港駅は空港ビルのすぐ隣にあり、宮崎駅から3駅、約14分という近さ。時間に正確なアクセスとして、空路と競争するだけでなく連携も図っています。

　これらの都市間を割引きっぷで安く行き来できることも、JR九州の利便性の高さです。特急2回分の回数券「2枚きっぷ」、4回分の「4枚きっぷ」を全種類見ていけば、人口30万人以上の都市をすべて結ぶようなラインナップとなっています。なお、博多～小倉間の「4枚きっぷ」(特急自由席)は1枚あたり1,300円ですが、片道普通運賃が1,250円なので、実質50円の追加で特急に乗ることができます。

> **マメ蔵**　**人口**……上述以外の九州内各市の人口(概数)は、佐世保が26万人、佐賀が24万人と20万人を超え、以下、都城17万人、諫早14万人、飯塚・八代・延岡・霧島・唐津が13万人、別府・大牟田が12万人、鹿屋・筑紫野が10万人台などとなっています。

2章 JR九州の駅・車両基地のひみつ

写真提供:JR九州

大小566の駅を持つJR九州。九州の玄関口でありJR九州最大のターミナル駅でもある博多駅を筆頭に、駅ビルの新設や駅のバリアフリー化など、時代のニーズにあった駅機能の向上を進めるとともに、周辺地域の観光開発を進めるなど、地域活性化のランドマークとして"駅"を中心とした新しい街づくりを推進しています。また、バックヤードである車両基地の統廃合を進め、効率的かつ安全で快適な運行を目指しています。

博多駅 ❶ 多くの列車が頻繁に発着する九州最大のターミナル

KYUSHU RAILWAY COMPANY

福岡県の県庁所在地であり九州最大の都市である福岡市の代表駅の名は、地元の地名をとった「博多」です。JR九州に加えJR西日本、福岡市交通局の路線も乗り入れ、巨大ターミナルを形成しています。

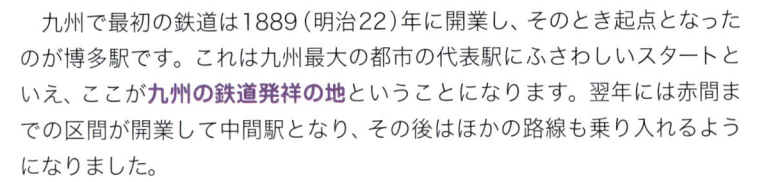

九州の鉄道発祥の地

九州で最初の鉄道は1889（明治22）年に開業し、そのとき起点となったのが博多駅です。これは九州最大の都市の代表駅にふさわしいスタートといえ、ここが九州の鉄道発祥の地ということになります。翌年には赤間までの区間が開業して中間駅となり、その後はほかの路線も乗り入れるようになりました。

博多口駅前広場には緑が多く植えられた。ビルの大きな時計が目を引く

フローティングスラブの仕組み

- ロングレール
- バラスト軌道
- フローティングスラブ（防振軌道スラブ）
- コイルバネ防振装置
- 駅ビル軌道階スラブ

高架構造の博多駅は、列車の騒音振動対策としてフローティングスラブを採用し、線路をバネで浮かせている。バネは3m間隔で1線あたり74個、8線合計で592個設置されている。これほど大々的にバネ構造を採用したケースは国内で他に例がなく、このことからもJR九州が環境対策に力を入れていることがわかる

新しい九州の拠点は未来的なビルディング これぞ21世紀のターミナル

　時代の流れとともに利用者数の増加が続き、駅は改築や移転を繰り返すのですが、1963（昭和38）年に現在の場所に落ち着きます。そして、1975（昭和50）年には山陽新幹線が到達し、全国屈指の貫禄を持つ駅になっています。

　この駅における近年最大の出来事は、2011（平成23）年3月の九州新幹線鹿児島ルートの全通です。新幹線の列車発着が増加するのに対応し、従来は在来線が1～9番線、新幹線が11～14番線だったものが、改修工事を経てそれぞれ1～8番線（島式が4面）、11～16番線（島式が3面）に改められました。新幹線のホームのうち11番線だけは有効長が8両編成分と短く、小倉側の線路が行き止まりになっており、九州新幹線と博多南線の列車のみが発着します。

駅構内にはタイル画アートが展開されている。これは、日本画家・千住博氏とデザイナー水戸岡鋭治氏がアートディレクションを担当したアートプロジェクトで、国内外から集まった28,525枚の絵を有田焼の陶板に焼き付けている

在来線と地下鉄が見せる個性

　在来線については、長距離の優等列車の多くが新幹線に移行し、本州へ直通する寝台列車も2009（平成21）年に全廃されるなど、時代とともに寂しくなった面もあります。しかし、都市間連絡輸送はJR九州の新鋭車両によるサービス向上が進み、違った魅力も生まれています。駅を発着するカラフルな列車を見るのも、楽しいものです。

　福岡市営地下鉄の博多駅は1983（昭和58）年の開業から30周年を迎えました。この路線は筑肥線との直通列車を運転しているので、JR九州の車両が他社の博多駅を発着するという、珍しいシーンが見られます。また、地下鉄を使えば、博多からわずか2駅で福岡空港駅に到達します。実は博多駅は、全国の新幹線の駅の中で最も航空機との乗り継ぎに便利なのです。

> **九州の鉄道発祥の地**……開業当初の博多駅は、現在の場所から北西へ650mほどの所にありました。その跡地にある出来町公園には、「九州鉄道発祥の地」という記念碑がC61形蒸気機関車の動輪とともに飾られています。

2章 JR九州の駅・車両基地のひみつ

博多駅❷ 多彩なサービスとショップが魅力〜JR博多シティ

KYUSHU RAILWAY COMPANY

九州新幹線全通を機にイメージを新たにした博多駅では、新しい駅ビル「JR博多シティ」も大いに注目されています。ただの駅ビルとは違うこの施設、どのような魅力があるのかを見ていきましょう。

生まれ変わった博多口の駅ビル

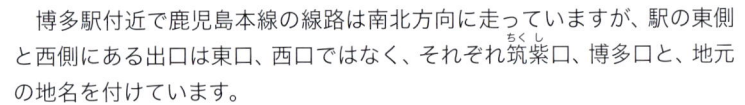

　博多駅付近で鹿児島本線の線路は南北方向に走っていますが、駅の東側と西側にある出口は東口、西口ではなく、それぞれ筑紫口、博多口と、地元の地名を付けています。

　そのうちの博多口にあるビルの名は、「JR博多シティ」です。これは九州新幹線全通に備え、2006（平成18）年から従来の駅ビルを解体のうえ、新幹線および在来線のホーム改修などと合わせた再開発によって、新たに誕生した施設です。2011（平成23）年3月にオープンしました。

　建物は10階建てで、地下1階〜8階には阪急百貨店が九州に初出店した「博多阪急」、東急ハンズを含む約230の専門店が集積する「アミュプラザ博多」があります。そして9・10階には、日本最大級のレストランゾーン「シティダイニングくうてん」をはじめ、シネマコンプレックス「T・ジョイ博多」、イベントホールや貸会議室などがあります。

JR九州の直営飲食店「うまや」。シックな大人の空間で絶品料理が味わえる

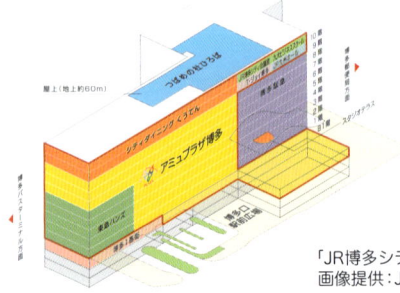

「JR博多シティ」のゾーニング
画像提供：JR九州

2 JR九州の駅・車両基地のひみつ

鉄道を拠点とした街づくりを提案
遊び心満載の素晴らしい駅舎

屋上の鉄道神社は鉄道ファン必見のスポット

屋上にはミニトレインのほか、ファミリー向けの施設が多数設置されている

屋上には2代目博多駅のホーム柱が保存されている

JR博多シティ3階の改札内にはカフェも併設。真下を列車が行き交う

魅力に満ちた屋上

　JR博多シティの屋上は、「つばめの杜ひろば」という、公園のような施設になっています。九州ゆかりの列車名「つばめ」を名乗るだけのことはあり、鉄道にまつわる見どころがあり、要注目です。そのひとつは旅の安全を祈願する鉄道神社。4つの鳥居を設けた本格的な神社です。また、博多駅を見下ろせる「列車展望スペース」、電動のミニトレイン「**つばめ電車**」があるほか、100年前の2代目博多駅のホームの柱が展示されています。

　ほかには、九州各地の土産物や食べ物の店が並ぶ「表参道 仲見世」、福岡市の街並みや博多湾から遠くの山までを一望できる「展望テラス」などがあり、ここは誰もが存分に楽しめる場所です。

　また、地下1階には14の飲食店が軒を連ねた「博多1番街」があります。これは旧駅ビルで43年間にわたって親しまれた「食堂街1番街」をリニューアルしたものです。地元の老舗をはじめ、ほかの地方からの出店もあり、グルメ派には見逃せません。

マメ蔵

つばめ電車……5インチ（127mm）軌間の線路を走る電動のミニトレイン。蒸気機関車を模した形をしていて、デザインは、JR九州の車両でおなじみの水戸岡鋭治氏によるものです。周回線路を走り、料金は200円※。

※2歳以下の子供は無料。（保護者の同乗が必要）

モノレールが構内に乗り入れる北九州の表玄関〜小倉駅

KYUSHU RAILWAY COMPANY

山陽新幹線の下り列車が、新関門トンネルをくぐって最初に到着するのが小倉駅です。ここは在来線では鹿児島本線中間駅であり、日豊本線の起点でもあります。モノレールも乗り入れ、北九州市における交通の中枢となっています。

政令指定都市・北九州市の表玄関・小倉駅。モノレールが駅舎に直接乗り入れている　写真提供：JR九州

◀ 日豊本線の起点の駅 ▶

　福岡市に次ぐ九州第二の規模を誇る都市、北九州市の代表駅が小倉です。1891（明治24）年に九州鉄道が門司（現在の門司港）から高瀬（現在の玉名）まで開業したとき以来の駅ですが、当初は現在より700m博多寄り（現在の西小倉駅付近）にありました。

　1895（明治28）年には九州鉄道によって日豊本線の前身となる路線が行事（現在の行橋駅付近）まで開業し、その起点が小倉駅となりました。こうして分岐駅として重要な役割を担うようになってから歳月が流れ、1958（昭和33）年に現在の位置に移転しました。

　小倉駅と鹿児島本線・日豊本線の分岐点とが一致しなくなったのですが、その分岐点（旧・小倉駅の近く）には、1974（昭和49）年に西小倉駅が新設されます。この駅はもともと日豊本線専用でしたが、1987（昭和62）年10月には鹿児島本線の列車も停車するようになりました。なお、日豊本線の起点は現在も小倉駅で、西小倉駅までの間は2つの路線が重複しています。

100万都市北九州市の表玄関
周辺は再開発で整然としたオフィス街に

新幹線とモノレールも発着

　1975(昭和50)年の山陽新幹線全通により、小倉は新幹線停車駅となり、北九州市の代表駅としての地位が確固たるものとなりました。そして、1998(平成10)年には新しい駅ビルが完成。同時に、駅からやや離れた所から発着していた北九州モノレールが駅ビルに直結するようになり、利便性が飛躍的に向上しました。

　JR九州在来線のホームは4面8線で、鹿児島本線と日豊本線はもちろん、日田彦山線の列車も発着します。さまざまな電車や気動車が発着する中で、博多方面と大分方面を直通する特急「ソニック」は、ここ小倉駅で進行方向が反転します。また、「ソニック」の列車番号は日豊本線での運転方向を基準としているので、鹿児島本線内では下り列車が偶数、上り列車が奇数と、通常の逆です。駅の出口はもともと北口と南口でしたが、九州新幹線全通時に前者を新幹線口、後者を小倉城口と改めました。

100万都市の中心部として機能する小倉駅周辺(駅は写真中央部)

駅構内の駅弁販売店(改札口脇)。長距離客の利用が多い

折尾駅

　折尾駅は、鹿児島本線と筑豊本線が交差する日本初の立体交差駅です。1916(大正5)年に竣工したレトロな駅舎が残ることで知られていましたが、折尾地区総合整備事業に伴う高架工事のため解体され、2012(平成24)年3月から仮駅舎で営業中です。2016(平成28)年度末の完成をめざしています。

折尾駅舎の解体工事は始まったが、明治生まれのレンガ積み地下道は健在

北九州市……1963(昭和38)年2月に門司、小倉、戸畑、八幡、若松の5つの市が合併して北九州市が誕生し、同年4月に政令指定都市となりました。現在は7つの区がありますが、当初は合併した市がそのまま5つの区となっていました。

重要文化財指定 大正ロマン漂うルネサンス建築～門司港駅

KYUSHU RAILWAY COMPANY

鹿児島本線の起点・門司港駅。現在は関門トンネルを通るルートから外れ、新幹線の駅もありませんが、かつては下関からの連絡船と接続し、九州の鉄道の玄関口として大いに賑わっていました。

連絡船発着で繁栄した駅

門司港駅は鹿児島本線の起点で、0キロポスト(「0」の距離標)があることで知られています。開業は1891(明治24)年で、当時の駅名は門司でした。1942(昭和17)年に門司港駅となり、同時にそれまでの大里(だいり)駅が門司駅に改称されました。この2つの駅名の改称は、同年の関門トンネル開業に伴うものです(駅名改称の後、関門トンネルの営業運転を開始)。

駅名が門司だった時代、本州の下関との間が連絡船で結ばれ、旅客も貨物も活況を呈していました。輸送量が年々増加するのに合わせて駅の設備も改良され、1914(大正3)年には新しい駅舎が竣工(しゅんこう)します。

この駅舎はドイツ人技師ヘルマン・ルムシュッテルの指導で建設され、建築様式はネオ・ルネッサンスと呼ばれるものです。1988(昭和63)年に、鉄道の駅として最初となる国の重要文化財に指定されました。しかし、竣工から100年近くを経て老朽化が進んでいることから、2012(平成24)年9月から保存修理工事を実施中です。建物を解体して行う大規模な工事で、完成は2018(平成30)年3月を予定し、それまでは仮駅舎で営業しています。

ネオ・ルネサンス様式の豪壮な木造建築の門司港駅。頭端式ホームの構内は今も始発駅の旅情にあふれている
写真提供:JR九州

開業当時から残る手水鉢 写真提供…JR九州

九州の鉄道は門司港駅から始まった。構内には記念碑と鹿児島本線の0キロポストが立つ

全国有数の名駅舎
駅周辺は近代洋風建築が残るレトロ地区

レトロ地区の中心的存在

　門司港の駅舎のほかにも、周辺には明治から昭和初期にかけて建てられた建築物が数多く残り、門司港レトロ地区として近年観光客の人気を集めています。歴史的建築物が貴重なのはもちろんですが、その中で門司港駅は、竣工当初から同じ用途で「現役」であり続けているところに、特に大きな価値があります。駅そのものが歴史博物館のような趣(おもむき)で、そこかしこに見どころがあります。

　駅舎に注目が集まりますが、この駅のホームも見逃せません。地平の頭端式2面4線で、伝統的な起点駅のムードに満ち、かつて九州各地への長距離列車が発車していた面影が今も感じられます。構内には留置線が何本もあり、そこに並ぶ車両はカラフルで近代的なものになりましたが、起点駅としての風格は今も健在です。

門司港レトロ地区MAP
- レトロ展望室
- 港ハウス
- レトロ中央広場
- 国際友好記念図書館
- 親水広場
- 旧門司税関
- 北九州銀行レトロライン
- 海峡プラザ
- 門司港ホテル
- 旧大阪商船
- 門司郵船ビル
- 旧門司三井倶楽部
- 門司港郵便局
- 門司港駅
- 九州鉄道記念館駅
- 九州鉄道記念館

1964(昭和39)年まで活躍した関門連絡船との連絡通路跡が残る

> **マメ蔵　門司港駅**……1933(昭和8)年に鹿児島本線から分岐して埠頭へ至る貨物支線が開業し、当初その埠頭の駅名が門司港でした。1942(昭和17)年にこれを門司埠頭駅と改称し、1982(昭和57)年に廃止されました。

② JR九州の駅・車両基地のひみつ

機関庫とターンテーブルが現存!
～豊後森駅

KYUSHU RAILWAY COMPANY

大分県玖珠郡玖珠町の中心駅であり、久大本線の鉄道名所のひとつでもある豊後森駅。駅の近くには、かつてあった機関区の遺構が残され、近年大いに脚光を浴びています。

2012（平成24）年に国の登録有形文化財に指定された旧・豊後森機関区の機関庫と転車台

元は機関区が置かれた鉄路の要衝

　久留米と大分を結ぶ久大本線のほぼ中間にある豊後森駅は、1929（昭和4）年に開業しました。その時点では大分側から建設されてきた路線の終点でしたが、さらに延伸を続け、1934（昭和9）年には久留米側からの路線とつながり、晴れて久大本線（当時の名称は久大線）全通が実現します。

　豊後森には機関区が設置され、1937（昭和12）年には隣の恵良駅から分岐する宮原線が開業し、同線の列車の発着駅としての役割も担うようになりました。

　機関区には機関車の方向を変えるターンテーブル（転車台）と、それを囲む扇形の機関庫が設置され、蒸気機関車の基地として久大本線の列車運行を支えました。しかし、この地の蒸気機関車は、ディーゼル機関車に置き換えられて1970（昭和45）年に全廃となり、機関区も廃止の運命をたどりま

国鉄の風情を今に伝える駅構造
機関区跡の扇形庫はファン必見！

した。ターンテーブルと機関庫は撤去されずに残されたのですが、月日とともに荒廃が進み廃墟同然となっていきます。その状況に対し、貴重な歴史的鉄道施設を後世に残すべく、近年は保存活動が展開されています。

今も残る国鉄の面影

　保存活動は、2001（平成13）年に結成された「豊後森機関庫保存委員会」で推進されています。そして、2006（平成18）年には玖珠町がこれらの施設と敷地をJR九州から買い取りました。将来は鉄道記念公園として整備する構想があります。また、ターンテーブルと機関庫は2009（平成21）年に経済産業省による近代化産業遺産に、2012（平成24）年には国の登録有形文化財に、それぞれ登録されました。

　豊後森の駅そのものは、地平に片面と島式のホームが1面ずつある2面3線で、片面ホームに隣接して木造の駅舎があります。2つのホームは跨線橋で結ばれ、典型的な国鉄中間駅のムード満点です。特急も停車するほか、始発・終着となる列車も設定され、今も久大本線の列車運行で重要な役割を担っています。

豊後森駅ホームに残る木造電柱とホーロー製の筆字駅名標

ホームの上屋（屋根）や跨線橋も古風な木造。国鉄情景がそこかしこに残る

上屋の支柱には花が飾られている。駅員の細やかな配慮が感じられる

> **宮原線**……恵良駅を起点とした盲腸線で、1937（昭和12）年に宝泉寺まで7.3kmが開業し、戦時中の休止と戦後の再開、そして1954（昭和29）年の宝泉寺〜肥後小国間19.3kmの延伸という歴史を歩み、1984（昭和59）年に廃止されました。

2章　JR九州の駅・車両基地のひみつ

世界的な建築家・磯崎新氏設計の駅〜由布院駅

KYUSHU RAILWAY COMPANY

同じ大分県内の温泉地でありながら、別府とは違った魅力で観光客に人気の由布院。その玄関口となる久大本線由布院駅は、平成になってから建てられた個性的な駅舎があり、旅の楽しさを演出してくれます。

温泉地の中心にできた駅

　由布岳を望む風光明媚な温泉地、由布院に鉄道が通じたのは、1925（大正14）年のこと。久大本線の前身となる路線のうち、大分側から延びてきた部分が到達しました。その時点では由布院の地域に南由布と北由布の2つの駅が開設されています。その後、由布院の中心に近いほうにある北由布駅が、1950（昭和25）年に由布院駅に改称されました。盆地状の地形の中を、久大本線は大きくUターンするように敷設され、そのカーブの途中に駅があります。

　由布院には、同じ大分県内の温泉地である別府と違い、山や田園の風景が美しく静かな場所というイメージがあり、カーブした構内を持つ由布院駅も落ち着いた雰囲気でした。しかし、昭和末期からのいわゆるバブル期にリゾートブームで開発が進み、訪れる観光客も増加します。

リゾート感満点の駅名標

ホームには天然温泉の足湯がある。列車待ちに「足だけ」ひとっ風呂

美術館のような待合室　写真提供：JR九州

中央部のガラス張りの吹き抜けがアクセントとなっている

九州を代表する観光地・由布院の玄関駅
美術館のような洗練された建物が人気

JR九州の駅・車両基地のひみつ

駅前からは由布岳の威容を間近に望むことができる

観光の拠点として整備された駅

　ひなびた温泉地から一躍メジャーな観光地に変貌した印象もあるのですが、由布院では音楽祭や映画祭など独自のイベントを開催するなど、ほかのリゾート地にはない魅力を創り出してきました。

　そして、玄関口となる由布院駅も1990（平成2）年に駅舎を建て替え、イメージを一新するのでした。その駅舎は大分県出身の著名な建築家、磯崎新（あらた）氏が設計したもので、個性的ながらも周囲の景観によく似合う、美しい外観デザインになっています。待合室はアートギャラリーを兼ね、温泉水による床暖房も備えています。また、駅舎につながった1番線ホームには足湯が開設されているので、訪れた際には利用してみたいものです。

　そして、由布院駅ならではのサービスのひとつに、駅と温泉宿泊施設の間で旅行者の手荷物を運んでくれる「ゆふいんチッキ」があります。駅に到着したときに預けておけば、荷物を持たずに周辺を観光することができ、その間に荷物が宿泊先に届けられています。

> **磯崎新**……1931（昭和6）年大分市生まれ、1954（昭和29）年東京大学工学部建築学科卒業の建築家。旧・大分県立大分図書館、つくばセンタービル、ロサンゼルス現代美術館など、数々の有名建築物を手掛けています。

ホームの柱に開業当時の古レールを使用〜鳥栖駅

KYUSHU RAILWAY COMPANY

「鳥栖」は地元の人でないとなかなか読めない地名でしたが、最近はサッカー・Jリーグのチーム名で全国に知られるようになりました。その一方で鳥栖駅には国鉄当時からの設備が多く残り、歴史を肌で感じることができます。

ホームには1897（明治30）年イギリス製の古レールが屋根の支柱として使用されている

鹿児島本線と長崎本線のジャンクション

　鳥栖駅は1889（明治22）年、九州初の鉄道が博多〜千歳川（仮停車場）間で開業したときに開設されました。1891（明治24）年にはここから佐賀までの路線（長崎本線の前身）が開業し、ふたつの幹線のジャンクションとなります。駅の規模が大きくなるのはもちろん、機関区、客車区、貨物操車場などの施設が集積する鉄路の要衝として発展します。電化や貨物輸送の合理化などで、駅以外の施設は過去のものとなりましたが、駅そのものは、地平にあるホームや駅舎に往年の国鉄の雰囲気が色濃く残っています。

　その駅舎は1911（明治44）年頃に竣工したもので、自動券売機や自動改

左：古風な木造駅舎は今なお健在　写真提供：JR九州
右：鳥栖駅ホームには九州の駅で一番歴史がある立ち食いうどん店がある

汽車時代の雰囲気を色濃く残す駅構内
近年はサッカー観戦者の利用も増加

札機など近代的な機器を設置しながら、今も現役です。また、3面6線のホームも長い歴史を持っており、長編成の客車列車がやってきそうなムードが漂っています。そして、よく見るとホームの屋根の柱には古レールが使われ、1896（明治29）年ドイツ製、1897（明治30）年イギリス製といった長寿のものもあります。駅舎とホームを結ぶ地下道も、昭和の国鉄当時のままで、ここを歩くとタイムスリップした気分になります。

鳥栖駅の隣駅の新鳥栖駅（長崎本線）。鳥をモチーフとした現代的なデザインが特徴。鳥栖市街地からも近く、今後の周辺の発展が期待される　写真提供：JR九州

サッカーファンで賑わう駅

ホームや駅舎では立ち食いうどんや駅弁の販売も行われ、今でもその光景が見られることに感激してしまいます。ちなみに、うどんは「かしわうどん」、駅弁は「長崎街道焼麦弁当」「かしわめし」などが人気です。

そんな歴史の薫りに満ちた鳥栖駅は、福岡県への通勤客が多く利用するほか、近年はサッカー・Jリーグのサガン鳥栖の本拠地、**ベストアメニティスタジアム**の最寄駅として賑わっています。

九州新幹線の経路はこの駅からはずれ、代わりに新鳥栖駅が開設されました。将来はそこから九州新幹線西九州ルートが分岐する計画で、在来線の鳥栖駅が築いてきたジャンクションの伝統が、受け継がれることでしょう。

> **ベストアメニティスタジアム**……1996（平成8）年、かつての機関区や操車場の跡地に開設された競技場で、所有は鳥栖市です。久留米市の健康食品会社が命名権を取得し、2008（平成20）年から「ベストアメニティスタジアム」と呼称されています。

中九州最大のターミナル ～熊本駅

KYUSHU RAILWAY COMPANY

九州新幹線全線開業に伴って、熊本駅は大きく生まれ変わりました。利用者が急増し、「くまモン」効果も手伝って観光客も増加しているようです。新幹線口の駅前広場には親水施設「阿蘇恵みの水」があります。

熊本駅舎。左が白川口(東口)、右が新幹線口(西口)。それぞれのイメージは大きく異なる

JR4路線に熊本市電も発着するターミナル

　熊本駅は九州新幹線、鹿児島本線、豊肥本線(愛称・阿蘇高原線)が接続し、宇土から分岐する三角線(愛称・あまくさみすみ線)の全列車も発着するターミナルで、駅前には熊本市電も通っています。在来線はホーム3面8線の地平駅、新幹線は2面4線の高架駅ですが、現在も在来線の高架化工事が進行中で、2018(平成30)年度末の完成をめざしています。

　在来線では0A・0B番線が肥後大津・阿蘇・大分方面の豊肥本線、0C番線が臨時ホーム、1番線が八代方面の鹿児島本線下り、豊肥本線および住吉・網田・三角方面の三角線、2番線が玉名・大牟田・博多方面の鹿児島本

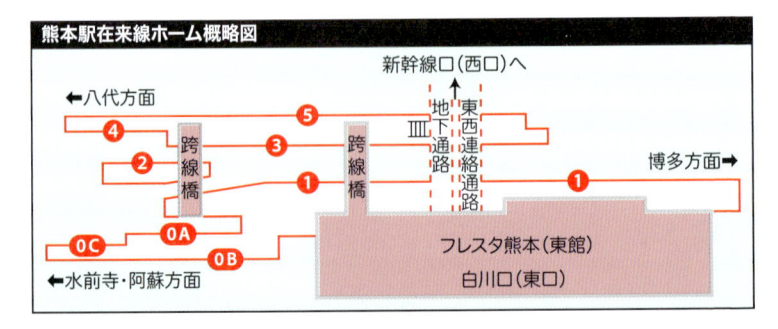

政令指定都市熊本の表玄関
在来線高架化により今後も激変が続く

線上りと下りおよび三角線、3番線が鹿児島本線上り・下りおよび豊肥本線・三角線、4番線が鹿児島本線下りおよび豊肥本線・三角線、5番線が鹿児島本線上り・下りおよび豊肥本線です。九州新幹線は11・12番が博多・新大阪方面、13・14番線が鹿児島中央方面となっています。（在来線の発着ホームには一部イレギュラーなケースもあります）

新幹線開業による効果で利用者が急増

　熊本市の繁華街から離れた位置にある熊本駅は、ターミナルとしては不便な場所にあります。しかし、2011（平成23）年3月に九州新幹線が全線開業したことで、駅とその周辺が再開発されて大きく変貌しました。JR九州が発表する1日あたりの駅別乗車人員でも、2010（平成22）年度が1万307人だったのに対し、2011（平成23）年度は1万2,434人に急増、JR九州の駅で12位から7位になりました。今や大人気の熊本県の"ゆるキャラ"「**くまモン**」の効果もあって、観光客数も増加しているようです。

　駅の出入口は白川口（東口）と新幹線口（西口）に分かれ、新幹線開業以前からの玄関口、白川口にはホテルやオフィスビルが立ち並んでいます。一方、新幹線口は新幹線開業時に新設され、熊本城の城門をイメージした柱が特徴です。周辺はまだ更地が多く再開発の最中ですが、新しい街が形成されることが期待されています。熊本市は地下水源に恵まれており、駅前広場には親水施設「阿蘇恵みの水」が完成。気軽においしい地下水を飲むことができます。

左：東西連絡通路は「おてもやん通り」の愛称で呼ばれる
右：熊本市は地下水が豊富な街で、新幹線口の広場ではその水を自由に味わえる

> **くまモン**……九州新幹線全線開業をきっかけに誕生した熊本県の公式キャラクター。2011（平成23）年の「ゆるキャラグランプリ」で優勝して以来、全国的に有名になりました。営業部長として熊本県のPRに努めています。

第2章　JR九州の駅・車両基地のひみつ

アミューズメントパークに変貌したターミナル～鹿児島中央駅

KYUSHU RAILWAY COMPANY

九州新幹線と鹿児島・日豊本線、指宿枕崎線が乗り入れ、JR九州で3番目に利用者の多い鹿児島中央駅。2004（平成16）年、新幹線開業後に駅ビルがオープンし、大きな観覧車が新たなランドマークになりました。

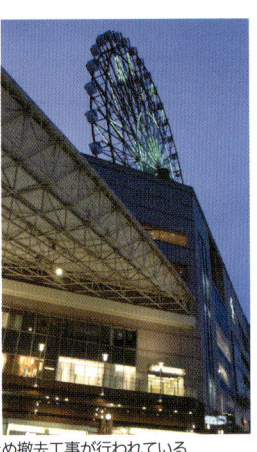

左：桜島口の鹿児島中央駅名物「大階段」は、駅ビル別館を建築中のため撤去工事が行われている
右：駅に併設されるアミュプラザ鹿児島には観覧車が設置されており、駅構内を一望することができる

1日500本近くの列車が発着するターミナル

　1913（大正2）年開業の川内線の武駅をルーツとし、1927（昭和2）年に西鹿児島駅に改め、九州新幹線が部分開業した2004（平成16）年に現名改称された鹿児島中央駅。2012（平成24）年度の1日平均乗車人員は19,973人。JR九州では博多駅、小倉駅に次いで利用者の多いターミナルです。九州新幹線と鹿児島本線、日豊本線、それに指宿枕崎線が乗り入れ、**鹿児島車両センター**へ出入りする回送列車も含めると、1日500本近くの列車が運転されていることになります。駅員の約半数が女性で、きめ細かなサービスには定評があります。

　鹿児島中央駅は在来線が3面6線、新幹線が2面4線あり、最新鋭のN700系（7000・8000番台）から国鉄形電車・気動車まで多種多様な車両が入線するのも特徴です。ホームの内訳は1番線が喜入・指宿方面の指宿枕崎線、2～4番線が鹿児島・国分・宮崎方面の日豊本線および伊集院・川内

新幹線と在来線が直角に交わる
新駅舎は地域の新しいシンボルに

方面の鹿児島本線および指宿枕崎線、5・6番線が日豊本線と鹿児島本線、11〜14番線が九州新幹線です。

鹿児島の新たなランドマークとなった観覧車

表玄関となる桜島口（東口）は鹿児島市電への乗り換えが可能なほか、高速バスや定期観光バス、鹿児島空港へのリムジンバス、一般路線バスが発着するバスターミナルとしても機能しています。

駅構内の「フレスタ鹿児島」には土産物店や飲食店が軒を連ね、駅からは地下通路で直結する「アミュプラザ鹿児島」があります。2004（平成16）年のオープン当初はJR九州最大の商業施設として話題を集め、週末には1日の入館者数が10万人を超えるほどでした。6階建てのビルで多くのテナントが入居していますが、屋上にある高さ約91mの観覧車「アミュラン」は鹿児島中央駅の新たなシンボルとなっています。現在、桜島口には別館の開発が進んでおり、アミュプラザが10周年を迎える2014（平成26）年度にオープンする予定です。

新幹線改札口。写真左側に見えるのは在来線との連絡改札口

コンコースには鹿児島の名産品を取り扱う土産物店が多数出店している

鹿児島中央駅のシンボル的存在の「出逢い杉」は樹齢約3,000年の屋久杉

鹿児島車両センター……鹿児島本線、日豊本線、肥薩線、吉都線、指宿枕崎線などで運用する電車や気動車などの車両基地。2011（平成23）年3月までは大規模な検査も行う「鹿児島総合車両所」でしたが、現在は主に日常の検査を担当しています。

2章 JR九州の駅・車両基地のひみつ

巨大なドーム屋根が魅力の駅ビル併設駅～長崎駅

KYUSHU RAILWAY COMPANY

開業して100年以上、現在4代目の長崎駅は、「アミュプラザ長崎」と直結し、大きなドーム屋根に覆われた「かもめ広場」があります。5代目となる新駅は、移設されて高架駅となる計画が進んでいます。

バリアフリー構造の頭端式ホーム

　初代長崎駅は九州鉄道長崎線の駅として1897（明治30）年に開業しました。路線が延伸されて1905（明治38）年に現在の長崎駅が誕生し、それまでの長崎駅は浦上駅に改称されました。現在は行き止まりとなっていますが、かつてはその先に、上海航路に接続する長崎港駅がありました。1982（昭和57）年の同駅廃止後、長崎駅は1993（平成5）年に**頭端式ホーム**に改築。1969（昭和44）年以来親しまれてきた三角屋根の3代目駅舎を改装し、現駅舎は2000（平成12）年に完成した4代目です。5代目は、長崎車両センターを佐世保線早岐駅構内へ移転した跡地に高架駅として新設する計画があり、2017（平成29）年度の完成をめざしています。

　ホームは頭端式の3面5線ですが、構内には階段がなく、すべてのホームへ水平移動できるバリアフリー構造であることも特徴です。博多行きの特急「かもめ」を筆頭に、1時間におおよそ5本前後の列車が発車します。なお、長崎電気軌道や路線バスの乗り場へはペデストリアンデッキを介して連絡しています。

改札口と駅ビルの間は、「かもめ広場」と呼ばれ、大きなドーム屋根で覆われている　写真提供：JR九州

駅ビル併設で市内の商業地図が一変
路面電車とも好アクセス

ドーム屋根に覆われた「かもめ広場」

　4代目駅舎は複合商業施設「アミュプラザ長崎」とともにオープンしました。この「アミュプラザ長崎」は駅に直結し、レストランやショップ、映画館などで構成されています。また、「JR九州ホテル長崎」も併設しており、2013(平成25)年には全面リニューアルを行っています。

　3代目の三角屋根に代わって、駅舎と「アミュプラザ長崎」の間に、大きなドーム屋根に覆われた「かもめ広場」が誕生しました。国際観光都市である長崎市では、長崎ランタンフェスティバルや長崎帆船まつり、長崎くんちなど、年中行事やイベントが数多く開催されます。「かもめ広場」を会場としたり、広場内の大型モニターでイベント情報を発信しています。2022(平成34)年には新鳥栖〜長崎間を結ぶ九州新幹線西九州ルートの開業が予定されており、長崎駅は今後も、国内外問わずますます多くの乗客を取り込んでいきそうです。

JR長崎駅周辺MAP

上：改札口上の美しいステンドグラスには長崎の名所が描かれている
下：長崎の路面電車は1乗車120円とリーズナブル

マメ蔵　頭端式ホーム……行き止まり式で、上から見ると「E」の字となるホームの形式。形状から「櫛形ホーム」とも呼ばれます。鹿児島本線の門司港駅もこの形式です。構内の見通しがきく、乗車・降車を別のホームに振り分けられるなどの長所があります。

東九州最大のターミナル ～大分駅

KYUSHU RAILWAY COMPANY

地元で40年以上待たれていた念願の高架化も、ついに実現。4面8線の大規模高架駅となった大分駅は、鉄道利用客以外からも注目され、今後ますます中心的存在へ発展することが期待されています。

高架化されて近代的な装いとなった大分駅。駅の周辺の開発も着々と進行中だ　写真提供：JR九州

高架駅となった東九州最大のターミナル

　2012（平成24）年に完成した新駅舎により、大分駅は大きく様変わりしました。地元住民念願の高架化が実現し、コンコースで南北を自由に通り抜けできるようになったのです。交通の要所であるため、"開かずの踏切"は住民を悩ませ続けました。なにしろ1日の乗車人員が博多駅、小倉駅、鹿児島中央駅に次いで、JR九州全体で第4位の16,982人。日豊本線、久大本線、豊肥本線を抱え、「ソニック」「にちりん」「ゆふいんの森」「九州横断特急」など多くの特急が乗り入れるターミナル駅なのです。

　施設も一新されました。飲食店やスーパーが立ち並ぶ「豊後にわさき市場」、860台収容・24時間営業・最初の30分は利用無料の「大分駅南立体駐車場」の完成で、地元住民が以前より集まりました。「豊後にわさき市場」には、関サバなどの魚介類、からあげをはじめとした鶏料理も売っており、観光客にも人気です。

　珍しいのは、府内中央口（北口）と上野の森口（南口）を結ぶコンコースを

高架化によりイメージを一新
駅周辺では再開発プロジェクトが進行中

走るトイトレイン「**ぶんぶん号**」。子供に人気なのはもちろん、ちょっとした移動で重宝する高齢者も多いのだとか。ガラス張りの駅長室も必見。駅長の緊張感が高まるだけでなく、困っている駅利用者への対応が迅速になる効果もあるそうです。

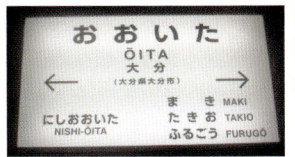

同一側に3方向へ分岐する駅は全国的に見ても珍しい

府内中央口側に立つ大友宗麟の銅像

　駅舎は進化し続けており、現在府内中央口側、地上時代の駅舎と線路を撤去した跡地に、地上21階建ての新たな駅ビルが建設されています。2013（平成25）年4月に着工し、2015（平成27）年春に完成する予定です。

　この駅ビルの建設に伴い、駅前のランドマークであった噴水やフェニックスは、残念ながら姿を消します。それに対し、大分駅を長年見守ってきた戦国大名の大友宗麟像は、府内中央口駅前広場の別の位置に移されて残ることが決まりました。新しい駅ビルには商業施設や映画館、ホテルなどが入居し、屋上庭園も設けられます。屋上庭園の面積は、JR九州最大の複合商業施設「JR博多シティ」の約1.8倍の広さがあり、ミニ列車や鉄道神社などの設置が計画されています。また、上階部分は市内を一望できる露天風呂を備えた温浴施設として使用されます。大分県の経済の新たな拠点となることは間違いありません。

コンコースの天井には格天井（ごうてんじょう）が採用されている　写真提供：JR九州

大分駅ビル完成イメージ　画像提供：JR九州

> **ぶんぶん号**……駅のリニューアルと同時に登場したイタリア製の電動トイトレイン。土日祝日の11〜17時、コンコース内に設けられた周回ルートを走行します。1回200円※で乗車できます。※3歳以上の子供と、大人同額

第2章　JR九州の駅・車両基地のひみつ

しゃれた外観が特徴
南国宮崎の玄関口〜宮崎駅

KYUSHU RAILWAY COMPANY

外国人建築家の設計によるモダンアートのような外観の宮崎駅ですが、宮崎空港をはじめ県内各地、近県への輸送のほか、高速バスとの連絡駅としての役割もあります。

◀ 3路線の列車が乗り入れる瀟洒な高架駅 ▶

　高架化にともなって1993（平成5）年に現在の3代目駅舎が完成した宮崎駅は、モダンアートのような外観に特徴があります。アメリカのRTKLインターナショナル・リミテッド社による設計で、原色が多用された派手な印象を受けます。開業当初はデザイン性が重視され、屋外の駅名表示もアルファベットのみでしたが、後になって西口・東口ともに「宮崎駅」の漢字表記が掲げられました。

　島式ホーム2面4線の高架駅ですが、1・2番線と3・4番線、それぞれの高架ホーム下に改札口を設置し、ホーム間の移動は、いったん地平の改札を出て向かい側の改札から入り直すという、独特の構造です。このような構造は非常に珍しく、国内ではほかにJR北海道の帯広駅しかありません。宮崎駅は線路名称上では日豊本線の単独駅ですが、日南線や宮崎空港線の大半の列車が乗り入れています。

南国ムードあふれる宮崎駅。改築から20年を経た現在もその輝きは色あせない

ユニークな改札構造を持つ高架駅
青を基調とした洗練された外装が人気

宮崎駅では高架上にある2つの島式ホームへは、それぞれ別の改札口から入場する

ブルネル賞を受賞した日向市駅。宮崎県の北部に位置する　写真提供：JR九州

日豊本線と日南線の特急列車が発着

　宮崎駅を発着する特急列車は、日豊本線系統が「にちりん」「にちりんシーガイア」「ひゅうが」「きりしま」、それに日南線を走る観光特急の「海幸山幸(うみさちやまさち)」があります。土・休日を中心に運行される「海幸山幸」は、デビューから3年以上が経過した今でも宮崎県の看板列車です。また、宮崎空港へのアクセスも宮崎駅の重要な役割で、宮崎～宮崎空港間は自由席に限り、乗車券のみで特急列車を利用できる特例も設けられています。

　商業施設は「宮崎FRESTA」が駅ナカ商店街のように続いています。一方、西口側には「KITEN(きてん)」が2011（平成23）年にオープン。上階には「JR九州ホテル宮崎」があります。宮崎～新八代間の「B&Sみやざき号」も「KITEN」から発着し、新八代で九州新幹線と接続することから人気が高いようです。駅前は広々として開放的な雰囲気にあふれています。

ブルネル賞受賞の日向市駅

　1921（大正10）年に富高駅(とみたか)として開業した日豊本線の日向市駅(ひゅうがし)は、宮崎県日向市内の中心地に位置しています。1963（昭和38）年に現駅名に改称されました。交通渋滞緩和を目的に、2006（平成18）年に駅付近の日豊本線が立体交差化され、同時に高架駅が完成します。新しい駅舎は地元産の杉を用いた木造駅舎を思わせるつくりが特徴。鉄道業界唯一の国際デザインコンペティション「ブルネル賞」において高く評価され、2008（平成20）年にJR九州の駅舎として初めて受賞しました。

> **マメ蔵**　KITEN……ショップやオフィス、ホテルにバスターミナルまで一体となった複合商業施設。14階建てのビルと4階建ての立体駐車場で構成されます。愛称名は"起点"と宮崎弁の"来てん！（来てください！）"を掛け合わせたものです。

2　JR九州の駅・車両基地のひみつ

観光地のゲートウェイ駅 〜三角駅・阿蘇駅

KYUSHU RAILWAY COMPANY

天草諸島への玄関口となる三角駅、雄大な阿蘇山への出発地となる阿蘇駅。海、山と環境は大きく違えど、どちらも目的地へのアクセスを丁寧にサポートしています。観光地の雰囲気にマッチする意匠も見逃せません。

天草諸島への航路に連絡する三角駅

　行楽地への玄関口となる駅も、観光客の胸を躍らせるつくりになっているところが増えています。代表的な2駅を、ここでは取り上げましょう。
　まずは三角駅。三角線の終点に位置し、天草への船「天草宝島ライン」の行き来を担う三角港が近くにあります。天草は、海の幸による旬の味覚、イルカウォッチングほか、1933(昭和8)年築のロマネスク様式の聖堂・大江天主堂など魅力がたっぷりです。

　あわせて三角駅舎にも注目です。この地域のカラーである南蛮文化を彷彿させる建物で、クリーム色の壁に、教会ふうの屋根が印象的。1938(昭和13)年築の木造駅舎が、特急「A列車で行こう」の運転開始とともに2011(平成23)年にリニューアルされて誕生しました。JR九州顧問デザイナーの水戸岡鋭治氏がデザインしています。大きな球形の電灯や、天井に描かれた天使などの絵が、木を使ったシックな内装にアクセントを添えています。

三角駅は昭和13年築の駅舎をリニューアルした

和風モダンな内装の駅舎内。大型の丸い照明灯がアクセントとなっている

高級コテージのような美しい駅舎
観光の拠点機能も充実!

バスターミナルもある阿蘇駅

　もうひとつは、阿蘇駅。阿蘇山の山頂、外輪山に位置する大観峰、阿蘇火山博物館などにアクセスできる駅ですが、こちらも2011(平成23)年に、駅前ロータリーの整備に合わせて一新されました。外装が白壁で内部は木目をベースとしたウエスタン調だった駅舎は、このときに外も中も黒を基調としたものに変更。落ち着きのある、上品な仕上がりになりました。観光パンフレットなどの行楽向けの資料も、もちろん充実しています。また、大分・別府行きの長距離バス、小国町への路線バスの発着所ともなっており、乗車券の券売機や、快適に過ごせる待合室も用意しています。

　また、「ななつ星in九州」の運行開始に合わせ、阿蘇駅のホームにはレストラン「火星」が新設されました。レストランはガラス張りとなっており、阿蘇の雄大な景色を眺めながら食事ができます。「ななつ星」の乗客以外でも利用可能です。

クラシカルな阿蘇駅舎は阿蘇山への玄関口。道の駅も隣接し、列車の待ち時間も退屈しない

板張りの装飾が施されている内装。こちらも和洋折衷デザインとなっている

駅周辺は阿蘇牛の産地として知られており、駅前にも愛くるしい牛のオブジェが置かれている

> 阿蘇山……熊本県と大分県にまたがる活火山。昭和初期から、北端にある火口が活動中です。主に玄武岩から構成され、西日本火山帯に属します。阿蘇くじゅう国立公園の中心地となっており、火の国・熊本を象徴する存在でもあります。

各地に残る明治時代の木造駅舎

KYUSHU RAILWAY COMPANY

JR九州には開業当時の明治時代の駅舎が今も現役で大切に使われている駅があります。100年以上も利用客を見守ってきた駅に降り立てば、明治時代にタイムスリップした気分に陥るかもしれません。

肥薩線に残る長寿駅舎

上：嘉例川駅舎　下：大隅横川駅舎

　JR九州には、創業当時の面影を残す駅舎が数多く現存します。
　肥薩線の嘉例川駅、大隅横川駅の木造駅舎は特に有名です。観光列車「はやとの風」が5分ほど停車することから、今や全国区で知られる存在となりました。自動車で見物に来る人も多くなっています。どちらも110年前の1903（明治36）年1月15日に開業しており、鹿児島県で最古。登録有形文化財の指定を受けるとともに、経済産業省の近代化産業遺産群の物資輸送関連遺産にも認定されています。嘉例川駅の事務室だった場所には、以前使われていた駅名標や金庫が展示され、観光客を楽しませています。近隣住民が毎朝掃除をしており、建物は古いものの、清潔に保たれています。
　大隅横川駅も創業当時の雰囲気を大切にしており、駅前の自動販売機を撤去し、郵便ポストも旧式の円筒タイプに替えています。ホームにはかつて運転保安設備として使われていた通票受器が残るほか、ホームの柱には、第二次世界大戦中に米軍機の機銃掃射の弾が貫通した跡が残されたままです。

九州各地に残る貴重な歴史の生き証人
大隅横川には機銃掃射の跡も

上：嘉例川の駅事務室は一般に公開されている。閉塞機などの鉄道用具も展示されており、鉄道ファン必見のスポットである
下：明治時代の木材が残る嘉例川駅の壁面

上：大隅横川駅の駅舎。平仮名の駅名標が何ともいい味を出している
下：今ではすっかり珍しくなった木製の改札口が残る（大隅横川駅）

19世紀に建造された佐世保線の木造駅舎

　長崎県内の鉄道で最初に開通した区間を有する佐世保線沿線にも、伝統の息づく駅舎が存在します。2つ紹介しましょう。

　ひとつは、上有田駅。1898（明治31）年に貨物のみを扱う中樽駅（なかだる）として開業し、1909（明治42）年には旅客営業も始め、同時に現在の駅名へ改称しました。開業当時の大きな木造駅舎が残っています。有田焼の生みの親として知られる陶工・李参平（りさんぺい）が磁器の原料を発見した場所である泉山磁石場は、上有田駅から歩いて10分ほど。日本の磁器の歴史はここから始まったのです。

　大村線との接続駅である早岐駅（はいき）は、開業当時の木造洋風建築です。建造は116年前の1897（明治30）年。しかし、東口広場や新駅舎の建築計画が浮上しています。かつてあった早岐機関区の名残として、給水塔や転車台も残されています。

> **マメ蔵**
> **通票受器**……通過列車がタブレットキャリア（通票携行具）を駅へ渡すための設備。タブレットキャッチャーとも呼ばれています。大隅横川駅の通票受器は、鉄の棒を渦巻き状に巻き上げた、スパイラルと呼ばれるタイプです。

2章　JR九州の駅・車両基地のひみつ

テーマパークの表玄関〜ハウステンボス駅・スペースワールド駅

KYUSHU RAILWAY COMPANY

駅に着いた時から、テーマパークは始まっている——そんな雰囲気を出しているのが、大村線のハウステンボス駅と、鹿児島本線のスペースワールド駅。JR九州でアクセスするのがオススメです。

電化してハウステンボス駅を新設

　テーマパークへの玄関駅でも、駅舎にテーマパークの世界観を持ち込んでいる駅は、全国では意外と少ないかもしれません。しかしJR九州には、そんな駅が2つあります。ホームに降りた瞬間からワクワクする形に仕上がっているハウステンボス駅、スペースワールド駅です。

　ハウステンボス駅は、テーマパークと同様に、オランダの街並みを彷彿させるデザインになっています。レンガふうの壁面に暖色系の電灯、テーマパークのロゴ入りの駅名標や運賃表など、雰囲気づくりへの配慮が行き届いています。併設された小さなカフェでお茶をしながら休憩をとることも可能です。

　ハウステンボスのグランドオープンは1992（平成4）年で、駅も同じタイミングで開業しました。1,000品種のバラが100万本植えられ、1,000万球という世界最大規模のイルミネーションを展開。オランダの伝統ある歴史を彷彿とさせつつも、最新技術をふんだんに取り入れたアトラクションを導入しています。この新旧融合がハウステンボスの魅力です。

オランダをイメージしたテーマパークに合わせたハウステンボス駅舎

オランダ風建築のハウステンボス駅
スペースシャトルが見えるスペースワールド駅

ジェットコースターの音が響くスペースワールド駅

　宇宙をテーマにしたスペースワールドは、1990（平成2）年に新日本製鐵（現・新日鐵住金）の遊休地に開園したテーマパークです。「ギャラクシーシアター」「3Dプラネタリウム」「ブラックホールスクランブル」など、宇宙を題材としたアトラクションが充実しています。

　当初は鹿児島本線枝光駅を最寄り駅として、遊歩道を整備しました。その後、北九州市の再開発計画によって鹿児島本線を移設し、高架の新線上に1999（平成11）年、スペースワールド駅が開業しました。施設の営業時間帯は快速も停車し、レジャーシーズン中は特急列車の一部も止まります。ホームからは、ジェットコースターやスペースシャトルの実物大の模型を見ることができます。駅の北側には、北九州都市高速5号線があります。

駅に隣接するスペースワールド。絶叫マシンが多数そろっている

バリアフリー対応となっている駅構内。スペースシャトルのオブジェも見える

曲線上にあるスペースワールド駅ホーム。繁忙期には特急も臨時停車する

ハウステンボス……オランダのアレキサンダー皇太子や天皇皇后両陛下のご来場もありましたが、2003（平成15）年に会社更生法を申立。しかし、2010（平成22）年に旅行会社のHISと基本合意書を締結した後は、黒字に転換しました。

肥薩線の山岳区間に連なる味わい深い〜大畑駅・矢岳駅・真幸駅

KYUSHU RAILWAY COMPANY

肥薩線の人吉〜吉松間は、スイッチバックとループ線を組み合わせて山を越える、日本有数の山岳路線です。大畑・矢岳・真幸の3駅は、近代化産業遺産群に認定されています。肥薩線"は鉄道遺産"の宝庫です。

◀ スイッチバックとループ線がある大畑駅 ▶

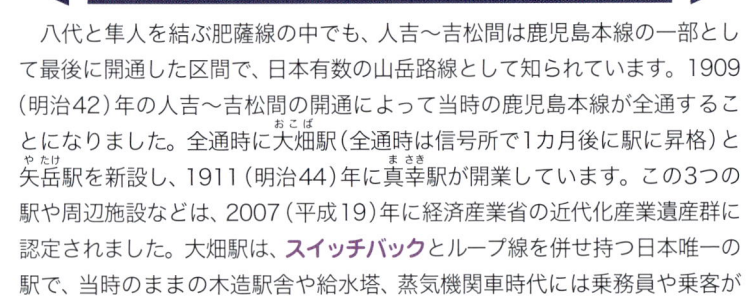

　八代と隼人を結ぶ肥薩線の中でも、人吉〜吉松間は鹿児島本線の一部として最後に開通した区間で、日本有数の山岳路線として知られています。1909（明治42）年の人吉〜吉松間の開通によって当時の鹿児島本線が全通することになりました。全通時に大畑駅（全通時は信号所で1カ月後に駅に昇格）と矢岳駅を新設し、1911（明治44）年に真幸駅が開業しています。この3つの駅や周辺施設などは、2007（平成19）年に経済産業省の近代化産業遺産群に認定されました。大畑駅は、**スイッチバック**とループ線を併せ持つ日本唯一の駅で、当時のままの木造駅舎や給水塔、蒸気機関車時代には乗務員や乗客が

ループ線上のスイッチバック駅として有名な大畑駅

大畑ループ線付近略図

車内からもループ線の構造が見て取れる

50

全国有数の景勝区間の3駅
明治の雰囲気を今に伝える名駅舎が現存

ススで汚れた手や顔を洗った蓮華水盤（れんげすいばん）などが残されています。蒸気機関車の給水所としての役割が大きく、かつては周辺に鉄道官舎もありましたが、集落は駅から離れた場所にあります。1面2線の島式ホームがあり、ホームと駅舎の間には構内踏切が設けられています。駅舎内に名刺を貼ると出世するといううわさが流れ、全国から訪れた観光客の名刺が所狭しと貼られています。

日本三大車窓と真幸駅にある「幸せの鐘」

　肥薩線で最も高い標高536.9mの地点に位置する矢岳駅は、かつて列車交換設備がありましたが、現在は単式ホーム1面1線構造です。構内には「人吉市SL展示館」があり、D51 170を見学することができます。「SL人吉」を牽引する58654も、D51 170とともに展示されていました。矢岳駅の南側には熊本県と宮崎県の県境があり、矢岳第一トンネルを抜けたあたりが「日本三大車窓」のひとつに数えられている"矢岳越え"で、霧島連山とえびの高原の雄大な景色を望むことができます。

　真幸駅もスイッチバック駅であり、かつては列車交換が可能でしたが、現在は1線のみを使用しています。駅名（"真の幸せ"）にあやかって、ホーム上に「幸せの鐘」を設置しています。1972（昭和47）年には土石流によって鉄道施設と集落が流される被害が発生。その後、真幸駅は復旧しましたが、集落は移転してしまい、駅周辺はほぼ無人地帯となりました。

SL展示館がある矢岳駅

肥薩線で唯一宮崎県にある、縁起のいい名前の真幸駅

> **マメ蔵　スイッチバック**……急勾配を緩和するために敷設された線路のことで、進行方向を転換しながら進みます。大畑駅や真幸駅は通過不可能な構造で、すべての列車が停車します。ただし、特急列車は客扱いを行わない「運転停車」でした。

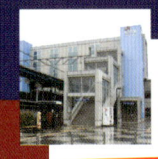

JR九州の駅スタンプには どんなものがあるの?

KYUSHU RAILWAY COMPANY

特徴が見えにくい駅でも、スタンプを見ればその土地の特徴が明らかになります。逆に要素がありすぎる地域でも、スタンプは核となる事項を教えてくれます。JR九州の駅スタンプが名作ぞろいなのは、九州各地に魅力があるからです。

◀ 歴史や観光地の図柄が定番 ▶

　歴史ある駅では、その文化遺産としての価値がはっきりわかる**駅スタンプ**が使われています。「門司港レトロの玄関・ルネッサンス様式の駅」のコピーがつくのは門司港駅。熊本駅はやはり、熊本城が主役。「武者返しの銀杏城の駅」の文を見れば、歴史好きはロマンを感じるでしょう。歴史系でも、南蛮文化伝来の地・九州ならではのものもあります。キリシタン史跡がある大村駅のスタンプは、十字架が大きめにデザインされています。観光地が充実する駅では、定番スポットやイベントを入れています。大浦天主堂や長崎くんちをあしらうのは、長崎駅。鹿児島中央駅は桜島、西郷隆盛、九州新幹線が題材。「21世紀の維新の風を感じる街」というキャッチコピーは、明治維新、特急「はやとの風」命名のもとになった地元の隼人族が疾風のごとく生きる姿、新幹線開業を機にますます近代化する様子など、新旧の調和が融合した見事な仕上がりといえそうです。

◀ 「最西端」やアニメを題材にした駅も ▶

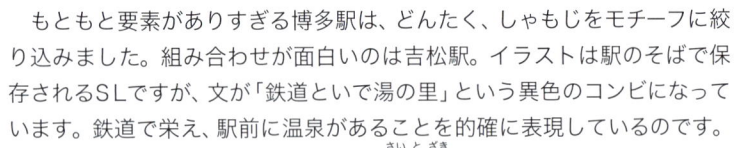

　もともと要素がありすぎる博多駅は、どんたく、しゃもじをモチーフに絞り込みました。組み合わせが面白いのは吉松駅。イラストは駅のそばで保存されるSLですが、文が「鉄道といで湯の里」という異色のコンビになっています。鉄道で栄え、駅前に温泉があることを的確に表現しているのです。
　地理的要素を盛り込むのは、海に近い西戸崎駅。「志賀島へようこそ!」のフレーズが刻んであります。佐世保駅は、旧松浦線廃止後にJRで最も西の駅となったため、「JR日本最西端」を掲げています。漫画・アニメを題材にするユニークな駅スタンプもあります。緑川ゆき原作『夏目友人帳』に登場するのニャンコ先生が微笑むスタンプは、肥薩線の大畑駅や人吉駅で見ることができます。
　最後に、久大本線沿線には、ユニークな駅スタンプが目白押し。カッパとフルーツを組み合わせる田主丸駅、ダムを大胆にあしらう夜明駅、由布川渓谷を「ムンクの叫び」ふうに仕上げた向之原駅など、どれも必見です。

近年勢力を拡大する押し鉄趣味
根強い人気を誇るスタンプ収集

2章　JR九州の駅・車両基地のひみつ

JR九州管内のスタンプ　　資料提供：ブルボンフォトカントリー

駅スタンプ……本格的な駅スタンプの誕生は、1931（昭和6）年の北陸本線福井駅でした。好評を博したため、すぐに全国で置かれるようになりました。データが刻まれることも多く、開業年月日や標高は鉄道ファンなら誰もが知りたいはず。

JR九州には何カ所の車両基地があるの?

KYUSHU RAILWAY COMPANY

適所にあるのはもちろんですが、その結果として各車両基地の特徴がはっきしているのがJR九州の面白いところ。全12カ所を比較すれば、所属車両の種類の傾向、他の車両基地と差別化された部分が垣間見えてきます。

各地に12カ所ある車両基地

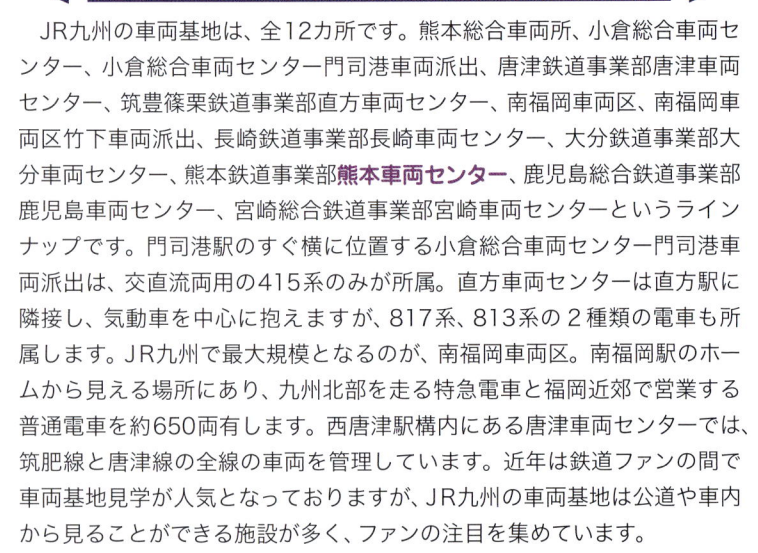

　JR九州の車両基地は、全12カ所です。熊本総合車両所、小倉総合車両センター、小倉総合車両センター門司港車両派出、唐津鉄道事業部唐津車両センター、筑豊篠栗鉄道事業部直方車両センター、南福岡車両区、南福岡車両区竹下車両派出、長崎鉄道事業部長崎車両センター、大分鉄道事業部大分車両センター、熊本鉄道事業部**熊本車両センター**、鹿児島総合鉄道事業部鹿児島車両センター、宮崎総合鉄道事業部宮崎車両センターというラインナップです。門司港駅のすぐ横に位置する小倉総合車両センター門司港車両派出は、交直流両用の415系のみが所属。直方車両センターは直方駅に隣接し、気動車を中心に抱えますが、817系、813系の2種類の電車も所属します。JR九州で最大規模となるのが、南福岡車両区。南福岡駅のホームから見える場所にあり、九州北部を走る特急電車と福岡近郊で営業する普通電車を約650両有します。西唐津駅構内にある唐津車両センターでは、筑肥線と唐津線の全線の車両を管理しています。近年は鉄道ファンの間で車両基地見学が人気となっておりますが、JR九州の車両基地は公道や車内から見ることができる施設が多く、ファンの注目を集めています。

所属	基地名	所属略号
本　　　社	熊本総合車両所	幹クマ
本　　　社	小倉総合車両センター門司港車両派出	本コラ
本　　　社	唐津鉄道事業部唐津車両センター	本カラ
本　　　社	筑豊篠栗鉄道事業部直方車両センター	本チク
本　　　社	南福岡車両区	本ミフ
長崎支社	長崎鉄道事業部長崎車両センター	崎サキ
大分支社	大分鉄道事業部大分車両センター	分オイ
熊本支社	熊本鉄道事業部熊本車両センター	熊クマ
鹿児島支社	鹿児島総合鉄道事業部鹿児島車両センター	鹿カコ
鹿児島支社	宮崎総合鉄道事業部宮崎車両センター	鹿ミサ

JR九州の車両配置箇所と所属略号(車体に表記)

各種検査や車両洗浄を実施
鉄道ウォッチングスポットとしても人気

わずかながら機関車も配置

　南九州最大の基地は、鹿児島車両センター。新幹線の検修を行う時代もあったものの、現在は工場機能を終了しています。旅客車のほか、ディーゼル機関車と貨車も所属します。宮崎車両センターはキハ40・47形を17両、キハ125形(海幸山幸)を2両という小さな施設です。

　長崎車両センターは、817系が24両、キハ200・220形が13両、キハ66・67形が30両の計67両が所属という小規模な車両基地。洗浄は手洗いとするなど、昔ながらの方法が続いています。

　大分車両センターは電車が5種類、気動車が7種類とバラエティ豊かな配置です。車体から台車を外さずに車輪を転削できる装置があります。観光用列車も多く抱える熊本車両センターは、九州では唯一、蒸気機関車を管理。給炭場も備えます。熊本総合車両所と、小倉総合車両センターについては、別項で紹介します。

唐津鉄道事業部唐津車両センター。職員がキハ125形の前面ガラスを洗浄している

JR九州内には西唐津、南宮崎、牧などと、ホームから車両基地が眺められる駅もある

指宿枕崎線の鹿児島中央〜郡元間に面した位置にある鹿児島車両センター

熊本車両センター……近郊形電車815系と817系、キハ183系特急形気動車のほか、一般形気動車、蒸気機関車、ディーゼル機関車、一般客車、事業用車、貨車など、さまざまな車両が所属しています。

新幹線全通時に新設された先進的車両基地、熊本総合車両所

KYUSHU RAILWAY COMPANY

2010(平成22)年開設の新しい車両基地が、熊本総合車両所。九州新幹線鹿児島ルート全通に合わせて誕生した新幹線専用の基地です。各基地に分散していた作業も、ここで一挙にできるようになりました。

◀ 九州の新幹線車両すべてを担当 ▶

　JR九州に所属する新幹線車両すべてに対して、検査や修繕を行っているのが、ここ熊本総合車両所です。熊本市南区に位置し、全敷地面積は約20万㎡。熊本駅から少し南、富合駅と宇土駅の間にあります。2010(平成22)年に建設されました。

　8両編成にもしっかりと対応する検査線、留置線、整備線などがそろっています。編成をばらすことなく入線できるわけです。現在、800系が54両、N700系が88両の計142両が配置されています。車両の留置・組成から、整備や点検も可能で、車両の解体といった大規模な作業まで引き受けます。九州の新幹線の車両基地には博多総合車両所もありますが、こちらはJR西日本の基地であることから、JR九州の車両は原則として入線することはありません。

九州新幹線の車両の各種検査が実施される熊本総合車両所。JR九州の新幹線車両は全車がこの基地に所属している。なお、博多総合車両所はJR西日本の管轄　写真提供：JR九州

熊本市南部に新設
最新鋭の設備で新幹線の検査を実施

川内新幹線車両センターから熊本総合車両所へ

　実はこのようになったのは、2011（平成23）年に九州新幹線鹿児島ルートが全通してからのことです。それまでは、九州新幹線が新八代〜鹿児島中央間のみの営業から開始されたこともあって、川内にある川内新幹線車両センターが、この役目を担っていました。とはいえ、川内新幹線車両センターではすべての検査はできなかったため、鹿児島総合車両所（現・鹿児島車両センター）で台車・全般検査をしていたのです。それが、すべてをまかなえる熊本総合車両所に一本化されることで、部品運搬などの手間が一気に解消されました。川内新幹線車両センターのあった場所は、現在では電留線としての機能のみ残っています。

　熊本総合車両所のような工場機能を有する新幹線の車両基地は、全国でもまれなのが現状。博多総合車両所（JR西日本）、仙台の新幹線総合車両センター（JR東日本）に次いで、ここが日本で3番目です。

　一般見学は火・水・木曜日に実施中（祝日・年末年始は除く）。いつも予約でいっぱいだとか。また、年に1回、秋ごろには「新幹線フェスタ」という大規模な一般公開を開催しています。

空から見た熊本総合車両所。左側に鹿児島本線と九州新幹線（鹿児島ルート）が見える。留置線では出番を待つ車両たちが待機している　写真提供：JR九州

熊本総合車両所への搬入……2010（平成22）年7月から2011（平成23）年2月にかけて、全線開業に備え車両（N700系10編成・新800系1編成）の搬入が行われました。メーカーから熊本港まで海上輸送された後、熊本総合車両所までは深夜にトレーラーで輸送されています。

「ななつ星in九州」を製作する 小倉総合車両センター

KYUSHU RAILWAY COMPANY

最高倍率が87倍になるほど予約が殺到した「ななつ星in九州」。その製造を担ったのが、小倉総合車両センターです。これまで「ゆふいんの森」「SL人吉」なども手掛けており、技術力の高さは海外からも注目されるほどです。

敷地面積15万8000平方メートル。ヤフオク！ドーム3個分に相当する広大な敷地に全国の車両工場でも有数の施設が整備されている　写真提供：JR九州

豪華寝台列車を専用の作業場で製造

　2013（平成25）年10月15日に運行開始するクルーズトレイン（豪華寝台列車）「ななつ星in九州」。この車両を製造した場所のひとつが、北九州市小倉北区にある小倉総合車両センターです。「ななつ星in九州製作場」と書かれた専用作業場があり、2013年3月からここでの製造が開始されました。

　作業場の安全祈願祭で小倉総合車両センターのスタッフ約80人を前に、中山嘉明所長は「世界一の車両をつくりましょう」と語りかけたそうです。

　「ななつ星in九州」は、日立製作所笠戸事業所で車両の基礎を製造し、2013年7月中旬に小倉総合車両センターに搬送されて、内装や外装を仕上げました。車両が傷つかないよう搬送時や試運転の際には黒い保護シートで全体が覆われ、その真っ黒な姿も話題となりました。2013（平成25）年9月13日には工場内で報道公開が実施されマスコミ各社が訪れています。

小倉工場時代から九州の車両を製造
全国有数の規模を誇る車両工場に成長

120年以上前に私鉄の工場としてスタート

　小倉総合車両センターは、1891（明治24）年に門司まで開通した九州鉄道の車両整備工場として設立され、120年以上の歴史を歩んできています。創設当時はたった60人程度の小さな工場でした。この地に工場が立地されたのは、敷設を予定していた日豊本線の起点であること、車両の陸揚げを行う港が近いこと、蒸気機関車の燃料である石炭の産地が近くにあったことが理由でした。最初は、海外から輸入した車両部品の組み立てを主な業務としていました。やがて業務を拡大し、戦前はD51の製造も行いました。「ゆふいんの森」「SL人吉」「指宿のたまて箱」など、個性的な車両も数多く手がけています。

　現在はJR九州の社員約140人、グループ会社を含めると1,000人以上の従業員を抱え、おおよそ1,700両の車両の検査や修繕を引き受けるに至りました。ほとんどの製造・修繕・検査業務をカバーできますが、検査については自動車でいえば車検レベルに匹敵するものが大半。日常的な点検はだいたい、ほかの車両基地で行われます。技術力の高さは海外にも知れわたっており、インドネシア国鉄へ技術者を派遣するなどもしています。

昭和40年代の小倉工場。役目を終えた蒸気機関車の解体作業も行われていた。写真提供：鉄道博物館

> **日立製作所笠戸事業所**……鉄道車両や列車運行システムの開発・製造を行う工場。山口県下松市にあり、新幹線、阪急電鉄、東京メトロなど、さまざまな車両を製造しています。併設された車両歴史記念館は、鉄道ファンに大人気です。

2章 JR九州の駅・車両基地のひみつ

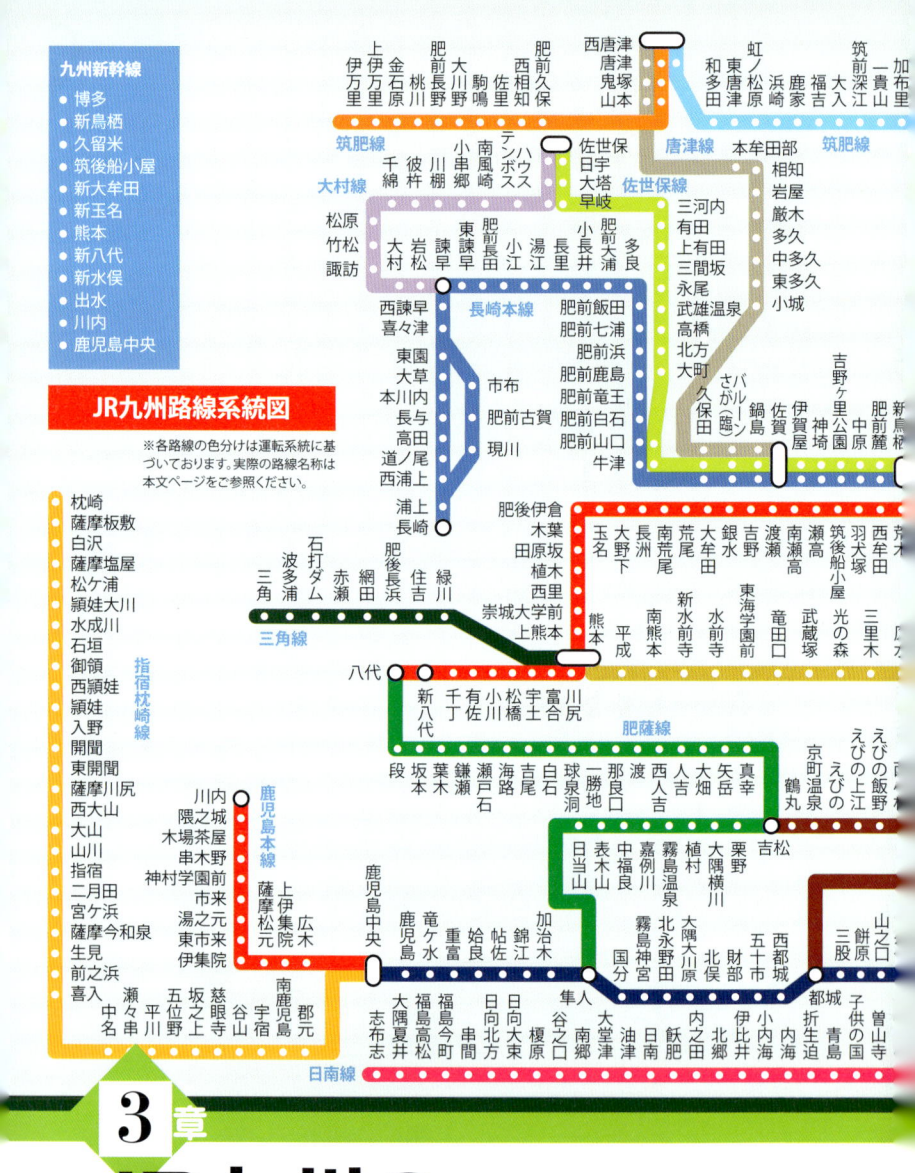

九州新幹線
- 博多
- 新鳥栖
- 久留米
- 筑後船小屋
- 新大牟田
- 新玉名
- 熊本
- 新八代
- 新水俣
- 出水
- 川内
- 鹿児島中央

JR九州路線系統図

※各路線の色分けは運転系統に基づいております。実際の路線名称は本文ページをご参照ください。

3章
JR九州の路線のひみつ

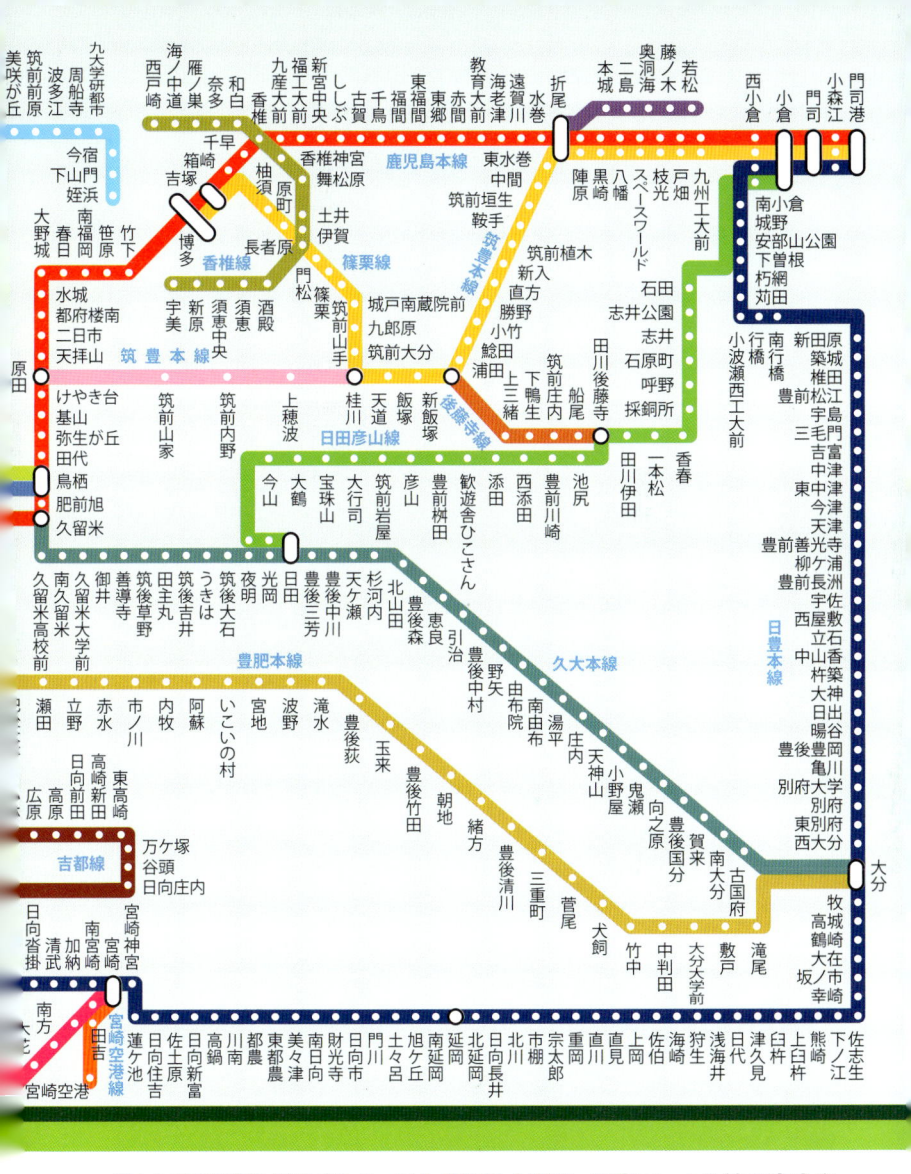

厳しい経営環境が続くなか、JR九州は設立以来、赤字ローカル線の廃止やワンマン化を推し進める一方、九州各県の主要都市や観光地を結ぶ通勤・通学、観光路線の充実を図ってきました。そして2011（平成23）年、念願の九州新幹線（鹿児島ルート）全線開業に伴う九州以東とのアクセスの向上に伴って、JR九州の路線ネットワークは大きく変わりました。各路線の特徴とこれからの取り組みを取り上げてみました。

JR九州の列車種別には どんなものがあるの?

KYUSHU RAILWAY COMPANY

九州内に路線網を張り巡らせているJR九州。特急から普通まで、さまざまな列車が走っているのですが、その種別には独特なものもあります。旅に出たら、JR他社との違いにも注目してみたいものです。

▶ 各地を走る多彩な特急列車 ◀

　JR九州の列車種別について、まず九州新幹線から見ていきましょう。在来線と違い、新幹線は列車名で種別が分けられています。「つばめ」は九州新幹線内の運転で、各駅に停車する列車です。「さくら」は九州新幹線内だけのものと山陽新幹線に直通するものとがあり、どちらも一部の駅を通過します。停車駅のパターンは複数あるので、利用する際は時刻表などでよく確認することが必要です。そして「みずほ」は、山陽新幹線と直通して新大阪〜鹿児島中央間を走る最速タイプ。途中の停車駅は新神戸、岡山、広島、小倉、博多、熊本だけです。

　在来線の列車は、大きく特急と普通に分けられます。かつて走っていた急行は現存しません。

　特急列車の乗車には、運賃のほかに特急料金が必要です(指定席の場合はその料金も必要)。特急は一般的にスピードが売りものですが、JR九州では、"列車の旅の楽しさ"が味わえる観光特急も数多く登場させています。「ゆふいんの森」「A列車で行こう」「あそぼーい!」「はやとの風」「指宿(いぶすき)のたまて箱」「海幸山幸(うみさちやまさち)」などがその例です。

国鉄時代の在来線には特急、急行、準急のピラミッド型の優等列車種別体系があったが、現在JR九州の在来線には運賃に追加料金が必要な列車は特急や一部の列車のみとなっている。在来線の主要駅のホームには特急券の販売機が置かれており、乗客の利便性を確保している

特急列車と普通列車が相互補完
快速列車の設定路線も多数！

快速列車や普通列車は列車種別よりも「ワンマン」を強調する表示が多い

九州新幹線の行き先表示器。新幹線も特急に分類されるが、新幹線ホームには特急以外の列車が入線しないため、種別は表示されず列車愛称のみが掲示される

大分駅の行き先表示器。特急列車は種別欄が赤字で記載されている。にちりんシーガイアには特急の記載がないが、スペースの関係で省略されたものと思われる

普通列車にはユニークな観光列車も

　特急以外の普通列車には、いわゆる普通（各駅停車）のほかに、快速と準快速があります。快速は途中駅の一部を通過する列車です（普通列車にも一部駅通過の例あり）。準快速はそれより停車駅が多い列車で、鹿児島本線門司港～荒尾間だけに設定された、珍しい種別です。また、鹿児島本線の快速列車には、運転する全区間が快速のものと、一部が各駅停車になるものとがあるので、乗車の際は注意が必要です。指宿枕崎線の「なのはな」のように、愛称名を持つ快速もあります。

　注目したいのは、肥薩線人吉～吉松間を走る「**いさぶろう・しんぺい**」。どちらも時刻表などに列車種別の表示はなく、分類上は普通列車で、実際に各駅に停車します。しかし、この2つの列車は観光需要を狙ったもので、大部分の座席を別料金が必要な指定席としており、自由席はごく一部だけです。

> **マメ蔵**　**いさぶろう・しんぺい**……明治時代の鉄道偉人にちなむ愛称名を持つ普通列車で、吉松行きが「いさぶろう」、人吉行きが「しんぺい」です。座席を木製にし、展望スペースを設けるなど、観光列車にふさわしい車両を使用しています。

3章　JR九州の路線のひみつ

九州新幹線の全通で激変した九州の交通体系

KYUSHU RAILWAY COMPANY

2011（平成23）年3月12日、ついに博多から鹿児島中央までが新幹線で直結されました。これにより利便性は飛躍的に向上し、在来線やバスを含め、従来にはなかった人々の移動のパターンが生まれています。

九州新幹線鹿児島ルートの完成

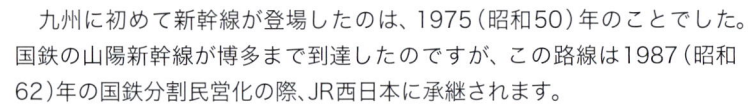

　九州に初めて新幹線が登場したのは、1975（昭和50）年のことでした。国鉄の山陽新幹線が博多まで到達したのですが、この路線は1987（昭和62）年の国鉄分割民営化の際、JR西日本に承継されます。

　博多から先の新幹線はJR九州が担うことになり、まず2004（平成16）年3月に、新八代〜鹿児島中央間が先行して開業します。この時点では、新八代までは在来線（鹿児島本線）利用となるため、博多〜新八代間に連絡用の特急「リレーつばめ」を運転していました。また、新幹線と並行する鹿児島本線のうち、八代〜川内間は、第三セクターの肥薩おれんじ鉄道へ移管されています。

　そして2011（平成23）年3月、博多〜新八代間の新幹線も開業し、晴れて山陽新幹線とつながったのです。博多〜鹿児島中央間は、正式には「九州新幹線鹿児島ルート」といいますが、現時点では九州新幹線にほかの路線が開業していないので、一般には単に「九州新幹線」と呼ばれています。

九州鉄道網の変革に大きく貢献したJR九州の新幹線800系
写真提供：松尾諭

九州三大都市をダイレクトに結ぶ！
新しい時代を切り開く高速鉄道ネットワーク

変貌した在来線の列車体系

　九州新幹線全通により、JR九州の在来線も劇的な変化を遂げます。まず、九州新幹線と並行する鹿児島本線は、博多〜鳥栖・久留米間および熊本〜八代間に、長崎本線、久大本線、肥薩線に直通する特急が走る以外、快速・準快速列車と普通列車のみとなりました。例外的に、特急「有明」が早朝・深夜に博多〜熊本間に1往復、朝夕通勤時間帯に博多〜長洲間に2.5往復運転されています。また、川内〜鹿児島中央間にも朝夕通勤時間帯に特急「川内エクスプレス」1往復が運転されています。

　部分開業時から博多〜宮崎間は鹿児島中央経由のほうが到達時間が短くなっていますが、全通によりその傾向はより顕著なものとなりました。また、新八代〜宮崎間には新幹線接続の高速バス「B＆Sみやざき」も運行を開始しています。長崎本線へ乗り入れる特急は、新鳥栖でも新幹線との乗り継ぎが可能です。九州を縦断する新幹線ルートが完成したことで、交通体系がこれを軸としたものに移行しています。

新八代駅前に停車するB＆Sみやざき

九州新幹線（鹿児島ルート）開業後の最速到達時分　※2013年3月16日現在

区間	山陽新幹線＋九州新幹線
博多⇔熊本	33分
博多⇔鹿児島中央	1時間17分
広島⇔熊本	1時間37分
広島⇔鹿児島中央	2時間21分
岡山⇔熊本	2時間13分
岡山⇔鹿児島中央	2時間57分
新大阪⇔熊本	2時間58分
新大阪⇔鹿児島中央	3時間42分

マメ蔵　B＆Sみやざき……JR九州バス、宮崎交通、産交バスの3社共同で運行する、新八代〜宮崎間の高速バス。新八代で新幹線との接続を考慮した時刻設定になっています。新幹線乗り継ぎによる博多〜宮崎間の所要時間は、最短で2時間59分です。

第3章　JR九州の路線のひみつ

新たな需要喚起に期待が高まる
九州新幹線西九州ルート

KYUSHU RAILWAY COMPANY

九州新幹線は2011（平成23）年に鹿児島ルートが全通しましたが、新幹線ネットワークは今後、さらに発展が続きます。いま建設計画が進められているのは西九州ルート。どのような路線になるのでしょうか。

九州における新幹線第2のルート

　九州新幹線とは、国による整備新幹線の整備計画の中で博多を起点に鹿児島および長崎を結ぶ路線を指すもので、それぞれを鹿児島ルート、西九州ルート（長崎ルートともいいます）と呼んでいます。鹿児島ルートはすでに全通していますが、西九州ルートはまだ一部が着工したにすぎない段階です。

　西九州ルートは新鳥栖で鹿児島ルートから分岐し、佐賀、肥前山口、武雄温泉、諫早などを経由し長崎に到達します。この計画で大きな特徴となっているのは、全区間の線路を新規に建設するのではなく、新鳥栖〜武雄温泉間は既存の長崎本線と佐世保線を活用するという点です。そして武雄温泉から先の新線は、内陸部の嬉野温泉を通って大村方面へ直線に近いコースをとり、あとは諫早を経由して長崎に至ります。

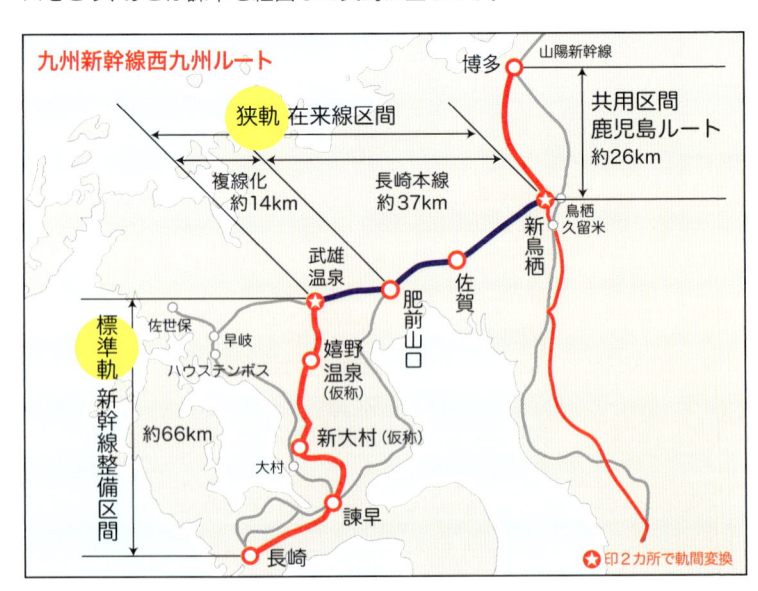

佐賀・長崎の活性化を目指す整備新幹線
日本初のフリーゲージトレインの高速鉄道

長崎駅前のペデストリアンデッキには九州新幹線（西九州ルート）開業後の中国との交流の強化を期待する看板も。長崎は古くから大陸との結びつきが深く、西九州ルートの開業後は新たな需要の創出が期待される

　新鳥栖～武雄温泉間の線路は在来線を走行するので、軌間（レールの幅、ゲージ）は従来どおり狭軌1,067mmです。鹿児島ルートと新線区間は山陽新幹線などと同じ標準軌間1,435mmなので、軌間を変えられる特殊な電車「フリーゲージトレイン」（192ページ）を導入する計画になっています。

日本初のフリーゲージトレイン

　新線となる武雄温泉～長崎間は当初、軌間1,067mmの「スーパー特急方式」（軌間は1,067mmとし、車体サイズなどの規格は標準軌の新幹線に準ずる）が検討され、まず2008（平成20）年3月に武雄温泉～諫早間の着工が認可されました。しかしその後、計画は「フル規格」（標準軌）に変更され、2012（平成24）年6月にフル規格で武雄温泉～長崎間の着工が認可されています。完成は、諫早～長崎間の着工から概ね10年後の2022（平成34）年ごろを見込んでいます。

　現時点で西九州ルートの営業開始は2022（平成34）年ごろとなる模様です。これが実現すると、フリーゲージトレインを使用して博多～長崎間が新幹線で結ばれ、所要時間の短縮が期待されます。具体的には、現行の特急「かもめ」の博多～長崎間所要最速1時間48分から、28分短縮される（国交省試算）という想定です。沿線には観光地が多いほか、工業などの産業も盛んなので、地域の発展に大きな効果があるでしょう。

> **整備計画**……全国新幹線鉄道整備法に基づく、北海道、東北（盛岡以北）、北陸、九州（2ルート）の各新幹線整備の計画を指します。ちなみに、北陸新幹線は2014年度に長野～金沢間が開業する予定です。

九州の大動脈、鹿児島本線❶
（門司港〜久留米）

KYUSHU RAILWAY COMPANY

九州における鉄道の大動脈として、長年人々の生活を支えてきた鹿児島本線。北部は早い時期に電化されたという歴史もあります。新幹線開業後も多彩な列車が走り、活気が感じられます。

◀ 肥薩線ルートで開通した黎明期 ▶

　鹿児島本線は、門司港駅を起点とする、九州における鉄道の基幹路線です。最初は1889（明治22）年に、私鉄鉄道会社の九州鉄道によって博多〜千歳川仮停車場（久留米の手前、筑後川北岸に設けた仮駅で2カ月後に廃止）間が開通しました。1909（明治42）年には門司港〜鹿児島間が全通するのですが、その時点では八代から南は人吉、吉松、隼人を経由していました。

　そして1927（昭和2）年に八代以南を川内経由とするルートが開通し、それを鹿児島本線と改めました。同時に八代〜人吉〜鹿児島間は肥薩線となり、さらに後年、隼人〜鹿児島間は日豊本線に編入されます。

　こうして完成した鹿児島本線は、1970（昭和45）年に九州内の国鉄で最初に全線電化を達成するなど、基幹路線としての地位は不動のものでした。九州新幹線開業にともない、八代〜川内間は第三セクターの肥薩おれんじ鉄道に移管され、現在の鹿児島本線は門司港〜八代間および川内〜鹿児島間と、中間が途切れたかたちになっています。

鹿児島本線の起点駅門司港。国の重要文化財に指定された駅舎は2018（平成30）年まで改修工事中

長らく九州の鉄道の大動脈として機能
新幹線開業後も多くの優等列車が残る

新幹線開業後も見られる特急

　では、現在の鹿児島本線のうち、まず門司港〜久留米間を見てみましょう。この区間は1961（昭和36）年に同線で（そして九州内の国鉄で）最初に電化されたという歴史を持ち、高い密度で列車が走っています。輸送の需要は、北九州市や福岡市をはじめとする各都市圏の通勤・通学、都市間連絡に、大きなものがあります。快速列車、普通列車のほか、鹿児島本線北部には準快速という珍しい種別がありますが、2011（平成23）年3月のダイヤ改正で本数が大幅に少なくなりました。

　小倉〜博多間は山陽新幹線と並行していますが、門司港〜博多間の特急「きらめき」や、博多発着で日豊本線大分方面へ直通する特急が多数運行し、幹線らしい賑やかさです。また、博多以南では鳥栖や久留米までの間に、それぞれ長崎本線と久大本線に直通する特急が走っています。

　起点の門司港は、観光客で賑わう門司港レトロ地区の中にあり、駅舎は国の重要文化財に指定された歴史的建築です。また、「**九州鉄道記念館**」の最寄り駅でもあります。

旧・九州鉄道本社屋を利用した九州鉄道記念館（門司港駅）

スペースワールド駅からは、日本の近代産業発展に大きく寄与した官設八幡製鉄所の高炉跡が見える

鹿児島本線　門司港〜久留米間

マメ蔵　**九州鉄道記念館**……2003（平成15）年にオープンした鉄道博物館。九州ゆかりの歴史的鉄道車両の数々が展示されています。本館の建物はかつての九州鉄道の本社です。近くでは門司港レトロ観光列車「潮風号」が運行されています。

九州の大動脈、鹿児島本線❷
（久留米～八代／川内～鹿児島）
KYUSHU RAILWAY COMPANY

九州を縦断する動脈・鹿児島本線は、長い距離の中にさまざまな性質を持ち合わせています。また、新幹線開業により途中の区間が第三セクター化され、国鉄当時には想像できなかった変貌を遂げました。

快速と普通による地域輸送

大動脈の鹿児島本線も、朝夕の通勤時間帯や早朝・深夜に運転している特急「有明」以外は、久留米から南はほかの路線に直通する特急があまりなく、日中のラインナップは快速列車と普通列車のみと寂しくなります。

大牟田から南は列車本数が少なくなる一方で、快速列車に「くまもとライナー」という愛称がついています。昼間時は1時間あたり「くまもとライナー」と普通列車が各1本という運転パターンになります。

熊本から八代までは肥薩線直通の特急、熊本から宇土までは三角線の特急が加わりますが、「くまもとライナー」は各駅に停車します。そのため、この区間は実質的に特急以外はほとんどが普通列車です。熊本周辺は都市化が進み、通勤・通学輸送も拡大しています

緑川を超える鹿児島本線（右）。このあたりでは九州新幹線（左）と並走する

八代～川内間は肥薩おれんじ鉄道に

南側に分かれた川内～鹿児島中央も、1往復の特急「川内エクスプレス」以外、ほとんどが普通列車となります。鹿児島側の発着駅は鹿児島中央駅のものと鹿児島駅のものがあるほか、日豊本線直通の列車も設定され、利用者の需要にきめ細かく応えているという印象です。

鹿児島中央駅はかつての西鹿児島駅を、九州新幹線新八代以南の開業時に改称しました。路線としては鹿児島本線と日豊本線の境界は鹿児島ですが、列車は両本線とも、古くから鹿児島中央発着が多く設定されています。

肥薩おれんじ鉄道は気動車（ディーゼルカー）で旅客営業をし、八代側と

新幹線開業で分断された鹿児島本線
地域輸送に特化し、新たな発展段階に！

川内側それぞれ、一部の列車は1駅だけ鹿児島本線に乗り入れ、新八代駅および隈之城駅発着となっています。また、土・休日には熊本〜出水間と出水〜鹿児島中央間に、肥薩おれんじ鉄道の気動車による直通快速、「スーパーおれんじ」と「オーシャンライナーさつま」を運転します。ともに鹿児島本線内では同区間のJR九州の列車にない快速運転となるのが面白いところです。

南北に分かれた鹿児島本線を、通しで運転する旅客列車は現在ありません。しかしJR貨物の貨物列車は、肥薩おれんじ鉄道経由で鹿児島貨物ターミナルまでの直通運転をしています。

新幹線単独駅である新玉名駅。市街地とは路線バスで結ばれている　写真提供：JR九州

八代周辺は全国有数のい草の産地として知られており、車窓からもい草の青々とした緑を堪能することができる

九州新幹線開業直前の西鹿児島駅（現・鹿児島中央駅）。この頃は赤色の外壁だったが、現在は黒に塗り替えられている

マメ蔵　肥薩おれんじ鉄道……八代〜川内間116.9kmを引き継いだ第三セクター鉄道で、交流電化の設備も承継しています。しかし、それを使うのは交流電気機関車が牽引する貨物列車だけで、自社の旅客列車は気動車で運行しています。

東九州の基幹路線、日豊本線❶（小倉～佐伯）

KYUSHU RAILWAY COMPANY

旧国名の日向と豊前に由来する名前を持つ日豊本線は、九州の東側を縦断する幹線です。九州では最も長い路線で、北から南へ進むにつれ、性格が変化していきます。

九州最長の鉄道路線

日豊本線の歴史は、1895（明治28）年に九州鉄道が小倉～行事（現在の行橋駅付近）間を開業させて始まりました。その後は豊州鉄道の行橋～長洲（現・柳ヶ浦）間が開業し、同鉄道が九州鉄道と合併して、さらに国有化されます。

以後は官設鉄道（国有鉄道）により路線が敷設され、1932（昭和7）年に小倉～鹿児島間が全通し、このとき日豊本線という路線名になりました。最後に開通したのは霧島の山の中、大隅大川原～霧島神宮間でした。小倉～鹿児島間の全長は462.6kmで、これは九州の路線で最長です。

左：宇佐駅の東側の豊後高田市には昭和の町が残っている
右：別府駅が最寄りの海地獄（地獄めぐり）

近代化のペースは鹿児島本線より遅く、最初の電化は1966（昭和41）年の小倉～新田原間で、翌年に幸崎まで延びます。その先は南宮崎までが1974（昭和49）年に電化され、全線電化が実現するのは、さらに5年後の1979（昭和54）年でした。

大分県を縦貫するメインルート
特急「ソニック」の運転で活性化が進む

通勤から観光まで需要に対応

　現在の日豊本線のうち、小倉から中津あたりまでは北九州市の都市圏内で、通勤・通学輸送の需要が高くなっています。このエリアの特急以外の列車は、小倉〜中津間に少数の快速があるだけで、大部分は普通列車です。また、小倉側、大分側ともに中津折り返しの列車が多く設定され、ここが列車運転の面でも重要な位置にあることがわかります。

　中津から南は住宅が少なくなり、国東半島の根元の部分を立石峠（くにさき）で越え、観光地別府を経て大分駅に到着。ここが始発・終着の列車が多く、久大本線や豊肥本線との分岐駅でもあるので、県庁所在地の駅にふさわしく、終日列車が頻繁に発着します。

　大分の前後は市街地が広がっていますが、南へ進むと再び住宅は少なくなり、途中で工場なども見ながら佐伯駅に到着します。小倉から197.8kmの地点です。ここから先は険しい山越えが控えています。

　ここまでの区間の特急でメインとなっているのは「ソニック」で、博多〜柳ヶ浦・大分・佐伯間に設定されています。ほかに宮崎方面へ行く特急「にちりん」と「にちりんシーガイア」があります。かつて、日豊本線の昼行特急列車は「にちりん」で統一されており、小倉から南に行くにしたがって、本数が減っていく体系でしたが、現在は大分と宮崎を境に系統が三分されています。輸送動態に基づいたきめ細かいダイヤを提供しようというJR九州の姿勢の表れと言えるでしょう。

大分県北部の拠点駅・中津。駅周辺は城下町の町割りが残る　写真提供：JR九州

2012（平成24）年に4面8線の高架化が完成した大分駅。ターミナルの機能が拡充された

> **立石峠**……西屋敷〜立石間にある峠で、蒸気機関車の時代は、勾配を上るための補助機関車（補機）を連結しました。1966（昭和41）年に立石トンネルが開通して勾配は緩くなり、さらに翌年には電化され、楽に越えられるようになっています。

3章　JR九州の路線のひみつ

東九州の基幹路線、日豊本線❷（佐伯～鹿児島）

KYUSHU RAILWAY COMPANY

九州最長の路線・日豊本線は、途中で沿線の雰囲気が幾度も変化します。全線を直通する列車もなく、区間によって別々の路線のように見えるところが、面白く感じられます。

普通列車わずか3.5往復の区間

　日豊本線は、佐伯から先は山間に入っていきます。延岡までの間、沿線に民家も少なく、途中の駅は無人駅の連続です。「秘境駅」として知られる宗太郎駅もこの区間にあります。勾配やトンネルも続き、重岡駅と宗太郎駅の間を頂上とした峠になっていて、「宗太郎越え」と呼ばれています。

　沿線人口が極端に少ないため、佐伯～延岡間に設定されている普通列車は1日わずか3.5往復で、それ以外は途中を全部通過する特急列車です。

　延岡から先は一転して平坦な地形となり、車窓から日向灘（ひゅうが）が見える所も多くあります。普通列車も概ね1時間に1本程度の頻度で設定されています。列車はリニア実験線跡と並走したのち、高架の宮崎駅に到着します。

　宮崎駅を出ると、次の南宮崎駅との間で大淀川を渡ります。この鉄橋は河口近くにあり、古くから鉄道写真撮影の名所として知られています。霧島神宮を過ぎた頃から鹿児島市のベッドタウンへと入ります。竜ヶ水駅周辺は錦江湾（きんこう）と桜島が眺められる景勝区間です。

宮崎以南は1980年まで非電化だった。
DF50形が特急「富士」を牽引していた
写真提供：RGG

日豊本線 佐伯～鹿児島間

宮崎県を南北に貫くメインルート
都市間輸送の需要も高い

霧島神宮〜国分間を行く817系。霧島連山を望むこのあたりの風景は日豊本線の中でも有数の景勝区間である　写真提供：松尾諭

連続する山越え

　大分方面からの列車の多くが宮崎から先、南宮崎あるいは宮崎空港へ直通する一方、都城方面の列車はほとんど宮崎駅発着です。そのため、宮崎〜南宮崎間は日南線や宮崎空港線の列車を含め運転密度が高くなっています。

　そして、南宮崎で日南線と分かれると、線路は再びアップダウンやカーブが多くなり、「宗太郎越え」ほど険しくはないですが、電車もモーターをうならせて走っていきます。

　吉都線と接続する**都城駅**から先はまたも山越えです。「霧島越え」と呼ばれる難所で、頂上は大隅大川原駅と北永野田駅の間にあります。日豊本線の中で最後に建設されたのがこの区間です。

　隼人で肥薩線と合流し、鹿児島に向けて最後の区間は錦江湾沿いのコースです。車窓からは桜島もよく見えます。路線としての日豊本線は鹿児島までですが、列車はすべて鹿児島本線に乗り入れ、行き先は鹿児島中央、伊集院、川内のいずれかです（特急はすべて鹿児島中央行き）。鹿児島本線より距離が長く、途中の変化も大きいのがこの路線の特徴といえます。

> **マメ蔵**　**都城駅**……現在は日豊本線と吉都線の接続駅ですが、JR発足直前の1987（昭和62）年3月までは、隣の西都城〜志布志〈しぶし〉間を結ぶ志布志線の列車も都城駅を発着していました。隣接して都城客貨車区や機関車の駐泊施設などもありました。

有明海を望む景勝路線、長崎本線

KYUSHU RAILWAY COMPANY

鹿児島本線の鳥栖駅を起点に、佐賀を通り、長崎へと向かう西九州の動脈が長崎本線です。有明海に沿って敷かれたこの路線は、現在のルートが完成するまでに複雑な歴史を歩みました。

険しい地形に建設された現ルート

　1891（明治24）年、九州鉄道により鳥栖〜佐賀間が開業し、これが長崎本線の始まりとなります。長崎まで全通したのは1898（明治31）年ですが、そのときは肥前山口から諫早までの間は、現在の佐世保線と大村線を経由するルートでした。

　肥前鹿島を通る有明海沿いのルートは、山が海岸に迫った険しい地形のため工事が難しく、遅れて建設されます。肥前山口側と諫早側の両方から建設が進み、1934（昭和9）年にようやく全通し、その時点でこちら側が長崎本線となりました。こうして、有明海沿いを進んで諫早に出て、その先は大村湾をかすめてから山を越えて長崎に至るルートになったわけです。全線乗ると、左右両方の車窓から海の景色が楽しめます。

　1972（昭和47）年には、トンネルで山を抜けて喜々津〜浦上間を短絡す

有明海・諫早湾の波打ち際を走行する区間も多く、車窓からも海の風景をじっくり味わうことができる

朝ラッシュ時の長崎駅。諫早〜長崎間では朝夕の混雑が激しい

佐賀・長崎県の大動脈 新幹線開業後は一部区間が三セクに

長崎駅は立体交差化工事によって現在地より西側に移設される予定だ

る新線が開業しました。以来、この区間は同じ長崎本線が2つのルートを持ち、新線を経由するのが基本です。長崎本線は1976(昭和51)年に電化されましたが、喜々津〜浦上間の旧線は非電化のまま現在に至っています。

年に数日だけ開業する臨時駅「バルーンさが駅」

佐世保線・大村線と一体の列車運行

現在の長崎本線を走る特急列車を見ていきましょう。「**かもめ**」は、喜々津〜浦上間は新線を経由して終点長崎まで直通します。「みどり」は佐世保行きで、長崎本線鳥栖〜肥前山口間を走り、その先は佐世保線というコースです。

特急以外は普通列車で、鳥栖〜長崎間直通のほか、さまざまな区間列車が設定されています。諫早〜長崎間は大村線と直通する列車も多く、そのなかには快速「シーサイドライナー」もあります。喜々津〜浦上間は、非電化の旧線を気動車が走るのはもちろんですが、新線のほうも快速「シーサイドライナー」を含め気動車の列車もあります。

九州新幹線西九州ルートが完成すると、長崎本線(佐世保線)も新鳥栖〜武雄温泉間が高速化される計画で、大きく姿を変える運命にあります。

> **かもめ**……1976(昭和51)年の長崎本線・佐世保線電化で、特急「かもめ」「みどり」(小倉・博多発、長崎・佐世保行き)が登場しました。「みどり」「ハウステンボス」と併結して運行している列車もありましたが、2011(平成23)年のダイヤ改正で全列車単独の運転になりました。

3章 JR九州の路線のひみつ

長崎県北部の重要路線、佐世保線

KYUSHU RAILWAY COMPANY

長崎県第2の都市、人口約27万人の佐世保へのアクセスルートである佐世保線は、電化から37年が経ちました。特急列車が終日行き交い、幹線らしい貫禄もすっかり定着しています。

途中駅で進行方向が逆になる配線

　佐世保線は、前項で紹介したように、当初は長崎本線の一部でした。九州鉄道により、鳥栖からの路線が1897（明治30）年に早岐（はいき）へ到達し、翌年には早岐〜佐世保間が開業しました。同時に、後に大村線となる早岐〜大村間も開業し、その後さらに先へ延びて、長崎までつながります。

　この時点の長崎本線は早岐・大村を経由しており、早岐駅の線路配置も肥前山口方面から大村方面へ直通するようにつくられました。佐世保へ向かう線路は大村側から直通する配置で、肥前山口方面から来た佐世保行き列車は向きを反転させます。このような経緯で、佐世保線の列車が早岐駅で折り返すスタイルとなり、それが現在まで続いているのです。

　1934（昭和9）年に長崎本線が肥前鹿島経由に改められ、同時に肥前山口〜佐世保間が佐世保線となりました。

陶芸の町・有田の表玄関である有田駅。観光客の利用も多い　写真提供：JR九州

佐世保線のハイライト・有田は陶芸の街として知られる

長崎県第2の都市・佐世保市へのアクセス路線 日本有数の陶芸エリアをひた走る

高架駅となった佐世保駅。駅の西側には港湾地区が広がる

大村線との分岐駅である早岐駅。古い施設が残る駅として人気が高い。特急「みどり」と特急「ハウステンボス」はこの駅で分割・併結する

多彩な列車が走る早岐〜佐世保間

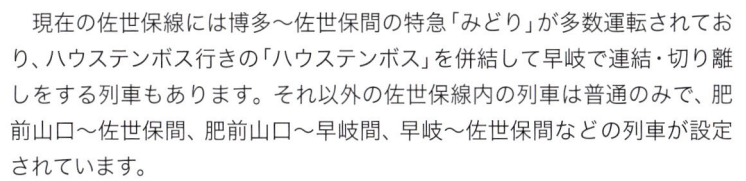

現在の佐世保線には博多〜佐世保間の特急「みどり」が多数運転されており、ハウステンボス行きの「ハウステンボス」を併結して早岐で連結・切り離しをする列車もあります。それ以外の佐世保線内の列車は普通のみで、肥前山口〜佐世保間、肥前山口〜早岐間、早岐〜佐世保間などの列車が設定されています。

向きが変わる早岐〜佐世保間はユニークな面があります。佐世保線内の列車に加え、大村線の列車も多くが佐世保まで直通するのです。その様子を見ていると、早岐駅で大村線と佐世保方面が直通する線路配置になっていることも、納得できます。なお、大村線からは快速「シーサイドライナー」も佐世保まで乗り入れますが、早岐〜佐世保間の途中駅にはすべて停車します。つまり、大村線からの直通列車を含めても、佐世保線の列車は特急以外すべて各駅停車です。

また、佐世保で接続する松浦鉄道（旧・国鉄〜JR松浦線）の気動車による列車が、1往復だけ早岐まで乗り入れます。ちなみに、有田駅でも佐世保線と松浦鉄道が接続していますが、そちら側に直通運転の列車はありません。有田周辺は日本でも有数の陶芸の産地で、車窓からも多くの窯元を見ることができます。同じく陶芸の里として知られる伊万里市には、有田から松浦鉄道が連絡しています。

> **早岐**……佐世保線の進行方向が反転するので、客車列車の時代は、早岐〜佐世保間だけ反対側に別の機関車を連結しました。寝台特急「さくら」も、ディーゼル機関車が牽引する編成の反対側にC11形蒸気機関車を連結し、話題になりました。

博多湾に隣接する砂洲を走る非電化路線、香椎線

KYUSHU RAILWAY COMPANY

香椎線はJRでは唯一、起点と終点の両駅が他線と接続していないユニークな路線です。石炭輸送のために敷設された路線のひとつですが、現在では福岡都市圏の通勤路線として活況を呈しています。

福岡都市圏にある非電化単線路線

　石炭輸送のために敷設された香椎線は西戸崎から宇美へ至る25.4kmの地方交通線。現在は福岡市内への通勤・通学路線として機能し、沿線は宅地化が進んでいます。海の中道を走ることから西戸崎～香椎間は「海の中道線」の路線愛称がつけられています。1904（明治37）年に博多湾鉄道によって西戸崎～須恵間が開業したことに始まり、翌年に宇美への延伸を果たし全通しました。和白では西日本鉄道貝塚線、香椎では鹿児島本線、長者原では篠栗線に接続していますが、起終点となる両端の駅はいずれも他線と連絡していない特異な路線でもあります。

　香椎線は列車本数も多く、福岡都市圏内にありながら全線非電化単線で、筑豊篠栗鉄道事業部に配置される国鉄形気動車のキハ40・47形を使用しています。2008（平成20）年にはJR九州独自のカラーリングから香椎線専用の前面をブルー、側面をホワイトとするアクアライナー色の車両も登場しました。西戸崎から雁ノ巣付近までは海の中道と呼ばれる玄界灘に突き出た砂洲を走り、長者原～酒殿間ではかつての志免炭鉱の栄華をしのぶ竪坑櫓（国の重要文化財）とボタ山が車窓から眺められます。

上：香椎線のキハ47形の行き先表示器は視認性向上のため窓を埋めて大型化している
左：香椎線の観光活性化に大きく寄与した「アクアエクスプレス」。水戸岡鋭治氏が手がけた鉄道車両第一号としても知られている（現在は廃車）　写真提供：JR九州

福岡都市圏に残る非電化通勤路線
海の中道や志賀島の観光輸送にも活躍

左下：海の中道海浜公園に隣接する海ノ中道駅。福岡都市圏の駅でありながらリゾートの雰囲気が色濃い

右下：起点の西戸崎駅。右下に見えるのは起点駅を示す0キロポスト

石炭輸送最盛期に筑豊を走った路線

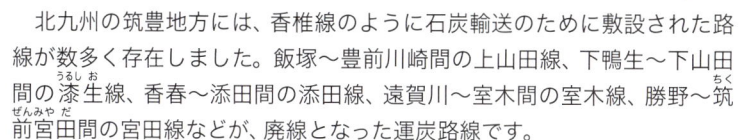

　北九州の筑豊地方には、香椎線のように石炭輸送のために敷設された路線が数多く存在しました。飯塚〜豊前川崎間の上山田線、下鴨生〜下山田間の漆生線、香春〜添田間の添田線、遠賀川〜室木間の室木線、勝野〜筑前宮田間の宮田線などが、廃線となった運炭路線です。

　直方〜伊田（現・田川伊田）間の伊田線、金田〜後藤寺（現・田川後藤寺）間の糸田線、行橋〜伊田（現・田川伊田）間の田川線は、第三セクターの平成筑豊鉄道に転換されて生き延びています。また、吉塚と筑前勝田を結んでいた勝田線にも宇美駅があり、香椎線の宇美駅とは100mほど離れた場所に位置していました。作家の宮脇俊三氏の『時刻表2万キロ』の中で、同一駅名なのに離れすぎていることを記しています。

> **宮脇俊三**……鉄道関係の著作で知られる紀行作家（故人）。1978（昭和53）年に刊行された『時刻表2万キロ』は宮脇氏のデビュー作であり、国鉄全路線完全乗車の記録を綴った鉄道紀行文学の名作といわれています。

地下鉄に乗り入れる直流電化路線、筑肥線

KYUSHU RAILWAY COMPANY

旧国名の筑前と肥前から一文字ずつ取って名づけられた筑肥線。かつては非電化のローカル線でしたが、沿線の開発が進み、電化や地下鉄との相互乗り入れが行われるなど、大きな変貌を遂げました。

路線が生まれ変わった1983（昭和58）年

　筑肥線の歴史は、1923（大正12）年に北九州鉄道の福吉～浜崎間が開業して始まりました。その後各区間の建設が早いペースで進み、1925（大正14）年には南博多～東唐津駅間の路線が完成します。そして、1929（昭和4）年には、東唐津で進行方向を反転のうえ山本へ至る区間も開業。さらに1935（昭和10）年にはその先、伊万里まで延伸され、1937（昭和12）年に博多～東唐津～山本～伊万里間が、まとめて筑肥線という路線名になりました。

　筑肥線は、大都市近郊にありながらローカル線の趣きがある非電化路線だったのですが、博多～東唐津間は戦後に沿線の開発が進み、通勤路線としての性格が強くなっていきます。そして1983（昭和58）年3月に、大きく姿を変えるのです。それは、東唐津駅とその前後のルートを大幅に変更したうえ唐津駅へ乗り入れ、姪浜～唐津間を電化、そして博多～姪浜間を廃止するというものです。同時に姪浜で接続する福岡市営地下鉄と相互直通運転を行うとともに、唐津線の唐津～西唐津間も電化され、西唐津まで筑肥線の列車が直通するようになりました。

車窓には玄界灘の絶景が広がる

昭和末期に電化区間と非電化区間に分断 多彩な沿線風景を見せるユニーク路線

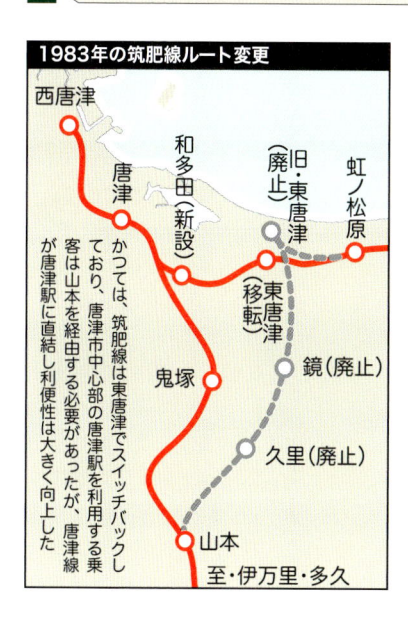

1983年の筑肥線ルート変更

かつては、筑肥線は東唐津でスイッチバックしており、唐津市中心部の唐津駅を利用する乗客は山本を経由する必要があったが、唐津線が唐津駅に直結し利便性は大きく向上した

高架駅の唐津駅。北側はガラス張りとなっており、外部から停車列車が見える

焼き物の町・伊万里市の表玄関伊万里駅。駅前には磁器のモニュメントが立つ

2つに分断され別々の性格を持つ路線

　また、従来は筑肥線が独自に線路を持っていた虹ノ松原〜東唐津〜山本間も同時に廃止されました。その結果、筑肥線は姪浜〜唐津間と山本〜伊万里間という、2つの区間が離れて存在する路線となりました。伊万里側の列車は唐津〜山本間を唐津線経由で走ります。

　姪浜〜唐津間は、直通運転の相手である福岡市営地下鉄に合わせ、直流電化されています。本州とつながる下関〜門司間とこの区間だけがJR九州の直流電化区間。地下鉄と直通するのは唯一ここだけです。山本〜伊万里間は、路線名こそ同じ筑肥線ですが、運行面では姪浜〜唐津間と完全に分離され、実質的に別の路線です。非電化なので気動車で運行し、全列車が唐津線の唐津または西唐津に発着します。

> **東唐津駅**……1983（昭和58）年の電化・ルート変更の際に移転しました。旧駅は現駅から松浦川に沿って河口側へ約1kmにあり、行き止まりの線路配置でした。当時は東唐津駅と唐津駅を直接結ぶ線路はなく、山本駅を経由する必要がありました。

観光客の利用も増加している
地域路線、唐津線・大村線

KYUSHU RAILWAY COMPANY

複雑な地形の西九州地方にはさまざまな路線があります。その中で唐津線と大村線は、ともに非電化で、起点および終点とも別々の路線と接続しており、ほかの路線にはない個性が感じられます。

長崎本線・筑肥線と連動した唐津線

唐津線はもともと、沿線で産出する石炭の輸送を目的に敷設され、現在の久保田～西唐津間に加え、かつては炭鉱や積み出し港へアクセスする支線も複数ありました。しかし、国鉄分割民営化までに貨物営業はすべて終了し、以後は旅客の普通列車のみを運転しています。

この路線で特徴的なのは、各列車の運転区間です。久保田側はすべての列車が長崎本線に乗り入れて佐賀駅に発着しています。その一方で筑肥線山本～伊万里間の列車はすべて唐津線に乗り入れ、唐津または西唐津発着です。また、唐津～西唐津間は路線としては唐津線でありながら電化され、筑肥線の電車が乗り入れるとともに、IC乗車カード「SUGOCA」の利用が可能です。この区間は、まるで唐津線とは別の路線のように見えます。

都市間連絡の重責を担う大村線

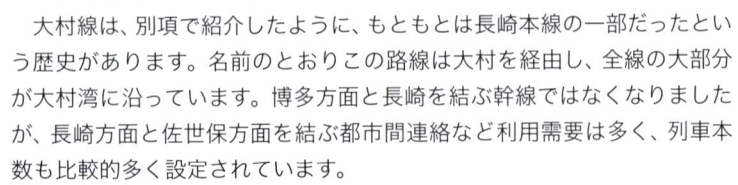

大村線は、別項で紹介したように、もともとは長崎本線の一部だったという歴史があります。名前のとおりこの路線は大村を経由し、全線の大部分が大村湾に沿っています。博多方面と長崎を結ぶ幹線ではなくなりましたが、長崎方面と佐世保方面を結ぶ都市間連絡など利用需要は多く、列車本数も比較的多く設定されています。

長く全線非電化でしたが、1992（平成4）年に早岐駅の4.7ｋｍ南にハウ

大村湾の美しい風景が広がる景勝路線
新幹線開業後のさらなる発展に期待が集まる

ステンボス駅を新設し、両駅の間だけ電化されました。ただし、この区間を走る電車は、佐世保線から乗り入れてくる特急「ハウステンボス」のみで、それ以外の大村線の列車はすべて気動車で運行しています。列車種別には普通のほかに快速があり、「シーサイドライナー」という名称で早岐〜長崎間を概ね1時間ごとに運行しています。

長崎空港は大村湾内の大村駅に近い位置の島にあります。空港と諫早駅を結ぶ路線バスが大村駅近くの大村ターミナルに停車しますが、大村線を空港へのアクセスに利用する人は少ないようです。長崎空港の公式ウェブサイトの交通アクセス欄でも、大村線については触れられていません。

夕日の名所、千綿付近

大村湾に沿って走る大村線で、途中の千綿(ちわた)駅は南北方向の海岸線にぴったり寄り添った位置にあります。ホームは内陸側にあり、そこに立つと線路をはさんで目の前に海が広がり、正面に夕日が沈みます。これだけ見事な風景が見られる駅は、全国的に稀少です。

大村線には希少希価値の高い国鉄色のキハ66・67形が走る

早岐駅……早岐駅舎は開業時からの建物が残り、長崎県内で最古の木造駅舎という貴重なものです。しかし、駅に東西連絡通路を設けるのに伴い、新駅舎に建て替えられることになりました。地元では駅舎の保存を求める声も上がっています。

筑豊地方の中心路線、筑豊本線・篠栗線

KYUSHU RAILWAY COMPANY

筑前と豊前、2つの旧国名から一文字ずつ取った筑豊地方は、かつて石炭産業で栄えました。そこを突き抜けるように走る筑豊本線と、途中で分岐する篠栗線もまた、時代の流れとともに姿を変えてきました。

◀ 運炭鉄道がルーツの筑豊本線 ▶

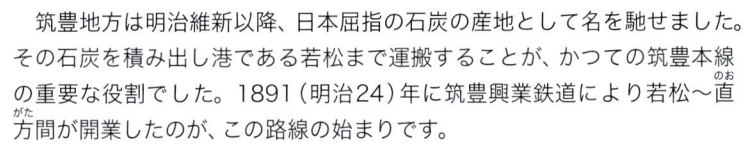

　筑豊地方は明治維新以降、日本屈指の石炭の産地として名を馳せました。その石炭を積み出し港である若松まで運搬することが、かつての筑豊本線の重要な役割でした。1891(明治24)年に筑豊興業鉄道により若松〜直方間が開業したのが、この路線の始まりです。

　その後、直方から門司方面へ直通できるよう、折尾に鹿児島本線への短絡線がつくられます。そして、直方から先が段階的に延伸され、再び鹿児島本線と出会う原田まで到達するのは、1929(昭和4)年のことでした。それ以前に炭鉱へアクセスする支線も複数敷設され、活況を呈したものです。しかし、石炭の産出は1976(昭和51)年に終わり、今では路線の性格もすっかり変わっています。

　2001(平成13)年には折尾〜桂川間と折尾の短絡線が電化され、これらの区間はすっかり通勤路線となっています。一方で、若松〜折尾間と桂川〜原田間は非電化のままで、運転面では3つの区間それぞれが独立した形態です。そのうち桂川〜原田間は途中に冷水峠があることで知られています。この区間は単線で、列車はわずか1日に9往復しかありません。

石炭輸送路線から通勤輸送路線に大転換
通称原田線には古き良き炭鉱線の風情が残る

黒崎～直方～博多間を「福北ゆたか線」と呼ぶ。かつての炭鉱路線のイメージはない

筑豊本線の電化区間と非電化区間の境界である折尾駅地平ホーム

国鉄末期の雰囲気を色濃く残す若松駅。駅名の看板もなつかしい書体が用いられている

若松駅前にはかつて石炭輸送に活躍したセム1形貨車が展示されている

都市間連絡のルートを確立した篠栗線

桂川で筑豊本線から分岐し、吉塚で鹿児島本線と接続する篠栗線は、実は吉塚が起点です。最初は1904（明治37）年に篠栗までが開業しました。長らく"盲腸線"だったのですが、1968（昭和43）年に桂川までの延長が実現。筑豊地方と博多を結ぶ路線として新たなスタートを切りました。

2001（平成13）年、筑豊本線の折尾～桂川間と同時に、篠栗線も全線電化されました。運転面では折尾～桂川～吉塚～博多間で、実質的にひとつの路線として機能しており、この区間を含む黒崎～博多間には「福北ゆたか線」という路線愛称が付けられています。吉塚～博多間は鹿児島本線に属しますが、篠栗線列車のための線路も1本並べて敷かれ、この区間は3線です。特急「かいおう」が朝の直方発博多行きと、夜の博多発直方行き、それぞれ2本ずつ設定されていますが、これらは"通勤ライナー"に相当する役割を持っています。

> **短絡線**……鹿児島本線と筑豊本線は折尾で立体交差していますが、両線の間を列車が直通できるよう、黒崎駅で接続する短絡線が設けられています。短絡線の列車は長らく折尾を素通りしていましたが、1988（昭和63）年にホームが設置されました。

九州北部のローカル線、日田彦山線・後藤寺線

KYUSHU RAILWAY COMPANY

石炭産業が盛んだった時代、福岡県北東部の鹿児島本線、筑豊本線、日豊本線の周辺には、運炭鉄道路線が網の目のように敷設されました。そのうち現在もJR九州に残っているのが、日田彦山線と後藤寺線です。

かつては石炭や石灰石を輸送

　日田彦山線は日豊本線城野駅を起点に内陸部を通り、田川後藤寺駅を経て久大本線夜明駅に至る延長68.7kmの路線です。路線名にある駅名のうち、彦山は途中にありますが、日田は夜明から久大本線に入って2つ先の駅です。

　かつては、沿線で産出する石炭や石灰石の輸送が重要な役割でした。しかし、全線で行っていた貨物営業は、国鉄分割民営化の時点で城野～石原町間だけとなり、この区間も1999（平成11）年からは旅客営業のみとなっています。列車は全線直通のほか、さまざまな区間列車がありますが、主に北は小倉～田川後藤寺間、南は田川後藤寺～日田間で設定されています。列車種別は大部分が普通で、朝の添田発小倉行きの1本だけが快速です。

　近年の話題は、2008（平成20）年に「歓遊舎ひこさん駅」が開業したこと。添田駅と豊前桝田駅の間に新たに設けられた同駅は、県道52号沿いの「道

石原町駅のホーム。周辺は北九州市のベッドタウン化が進んでいるが、駅構内はまだまだのどかだ

駅名も駅舎も昔の面影を今に残す日田彦山線・採銅所駅。香春町の有形文化財だ

北九州の通勤路線になりつつあるも まだまだローカル線の風情が残る

田川伊田駅に停車する普通列車。この駅では平成筑豊鉄道と接続する

の駅 歓遊舎ひこさん」に隣接し、その施設名を駅名としています。北九州市内の区間は近年沿線のベッドタウン化が著しく、朝夕は通勤・通学客で賑わいます。志井公園駅は北九州モノレールの終点・企救丘（きがおか）駅に近く相互の乗り換え客も増加しています。

全廃された貨物営業

　後藤寺線は、筑豊本線新飯塚駅を起点に、日田彦山線と接続する田川後藤寺駅まで、13.3kmの短い路線です。この路線もまた、かつては石炭や石灰石の輸送で賑わいましたが、国鉄分割民営化の際に貨物営業は全廃されました。現在の列車はほとんどが新飯塚～田川後藤寺間の線内運転で、朝の快速1往復が途中駅を全部通過する以外、すべて普通列車です。また、日田彦山線と直通する列車が、新飯塚発添田行き、新飯塚発彦山行き、添田発新飯塚行きの各1本設定されています。

　日田彦山線と後藤寺線の車窓から見える香春岳（かわらだけ）は、この地域の象徴的な山で、石灰石を産出することでも有名です。山の上のほうから採掘を続け、年月とともに形が変わっています。この地域において鉄道による貨物輸送はなくなりましたが、香春岳を含め、周辺では現在も石灰石を産出しています。両線の車窓風景は筑豊らしい風情が残っていることから、鉄道ファンにも人気です。

> **マメ蔵** 田川後藤寺駅……蒸気機関車の時代は、駅に隣接して機関区があり、いつも賑やかでした。もとの駅名は後藤寺でしたが、1982（昭和57）年に所在地の市名を冠し、田川後藤寺と改称しました。同時に伊田駅も田川伊田駅と改めています。

由布院の観光輸送で大盛況、久大本線

KYUSHU RAILWAY COMPANY

久留米と大分を結ぶ久大本線は、九州北部を東西に横断しています。沿線に有名な観光地があり、車窓の風景も美しい路線です。観光列車も走り、魅力に磨きがかかっています。

戦前に全通した九州横断路線

　豊肥本線や筑豊本線など旧国名の文字を取った路線名と違い、両端の駅名である久留米と大分に由来した名称の久大本線。最初は大湯鉄道が1915（大正4）年に大分市〜小野屋間で開業し、国有化を経て、1934（昭和9）年に全通を果たします。その時点での路線名は久大線でしたが、1937（昭和12）年に久大本線と改称されました。最後に開通したのは地形が険しい日田〜天ヶ瀬間で、もうひとつの九州横断路線である豊肥本線より6年遅れの全通でした。

　途中に玖珠川沿いの渓谷や由布岳（ゆふだけ）など、車窓からの眺めが素晴らしいこの路線で、現在運転されている列車の種別は特急と普通です。普通列車は全線直通のものがなく、区間列車のみが設定されています。また、大分からは他線へ直通する普通列車もありません。沿線人口が希薄な日田〜由布院間は普通列車の本数が極端に少なく、ローカル線の雰囲気です。その一方で、久留米〜日田間、由布院〜大分間は比較的本数が多くなっています。

90

「ゆふいんの森」の投入により、博多〜由布院〜別府間の観光路線としても活況

観光特急による独自のサービス

　特急列車は「ゆふ」と「ゆふいんの森」がともに複数設定されています。2つの愛称は、使用する車両の違いによるもので、前者はキハ185系を使用した通常の特急列車、後者はハイデッカー車両による全車指定席の観光列車です。運転区間はどちらも、博多〜由布院間と博多〜別府間が設定されています。

　博多と大分の間を移動する際、JR九州では久大本線経由が最短ルートとなりますが、鹿児島本線と日豊本線による小倉回りのほうが、特急の設定本数が圧倒的に多いうえに、所要時間の点でも有利です。対する久大本線の特急は、沿線の観光地へのアクセスに便利であるとともに、列車の旅そのものの楽しさが提供されています。

　国鉄時代のころの久大本線には特急がなく、旧来の気動車による急行しかなかったのですが、そのころとはまさに隔世の感があります。高速バスとの競合もありますが、これからも鉄道ならではの魅力で、独自の存在価値を出し続けてほしいものです。久大本線はJR九州の積極的な施策により観光路線として生まれ変わった先駆けとも言える路線です。

由布岳の絶景を望みながら走行するキハ220形

「ゆふいんの森」の運行を補完するキハ185系特急「ゆふ」

> **由布岳**…標高1,583mの活火山で、九州を代表する山岳の一つ。由布院のシンボルとして地域住民や観光客に親しまれており、久大本線の車窓からも望むことができます。豊後富士と称せられるとともに、新日本百名山にも選定されています。由布院駅前からもその美しい姿を堪能することができます。

阿蘇の外輪山を眺める観光路線、豊肥本線

KYUSHU RAILWAY COMPANY

九州の中央部を東西に貫く豊肥本線。その名のとおり豊後（大分）と肥後（熊本）を結び、総延長148kmにおよぶこの路線は、途中で沿線風景が大きく変化し、列車の旅を存分に楽しむことができます。

東西双方から建設された九州横断路線

　豊肥本線の歴史は、1914（大正3）年4月に大分～中判田間が開業した犬飼軽便線と、同年6月に熊本～肥後大津間が開業した宮地軽便線とで始まりました。その後2つの路線がともに延伸して玉来と宮地まで到達し、その間1922（大正11）年に路線名を犬飼線と宮地線に改めます。1928（昭和3）年には玉来～宮地間が開業して大分～熊本間の路線ができあがり、同時に豊肥本線と改称されました。

　この路線は熊本が起点で、ここから肥後大津までの間は熊本都市圏の通勤路線という色合いが濃く、1999（平成11）年に電化もされています。その先はだんだんと高度を上げ、阿蘇の外輪山に入る所が立野駅です。この駅は3段式スイッチバックの途中にあり、いかに険しい地形を登っているかがわかります。また、ここでは南阿蘇鉄道と接続していることも見逃せません。

　立野から先は阿蘇のカルデラの中を走り、車窓には日本離れした雄大な風景が広がります。九州で最も標高の高い波野駅を過ぎると、今度は高度を下げながら大分へ向かっていきます。

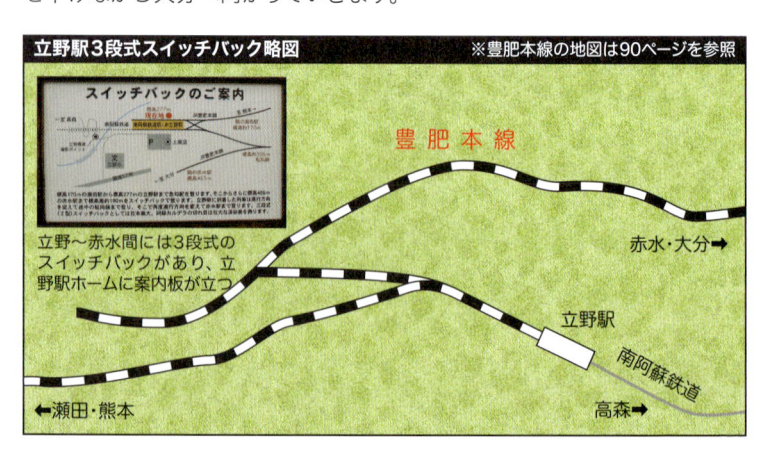

立野駅3段式スイッチバック略図
※豊肥本線の地図は90ページを参照

立野～赤水間には3段式のスイッチバックがあり、立野駅ホームに案内板が立つ

豊肥本線

←瀬田・熊本　　　赤水・大分→

立野駅　南阿蘇鉄道　高森→

九州を代表する景勝路線
バラエティに富んだ車窓風景も人気

早朝の阿蘇の山並み。車窓からも堪能できるこの光景は九州の鉄道のハイライトのひとつ

個性的な名前の特急

　この路線を走る特急列車のうち、定期で設定されているのは4往復の「九州横断特急」で、全線を走破するとともに、鹿児島本線、肥薩線、日豊本線にも乗り入れ、熊本側は人吉、大分側は別府に発着します。また、週末、春・夏休み、ゴールデンウィークなどには熊本～宮地間に観光列車、特急「あそぼーい！」2往復が走ります。

　なお、豊肥本線のうち宮地～豊後竹田間は、2012（平成24）年7月の九州北部豪雨により、1年以上にわたって不通となりました。この区間では線路への土砂流入や、路盤の流失などの被害が約100カ所もありましたが、迅速な復旧工事を行った結果、2013（平成25）年8月4日に運転を再開しました。

左：神社ふうの駅名板としめ縄がユニークな宮地駅舎。阿蘇神社にちなんだもの
右：宮地駅には2005年まで運行された「SLあそBOY」が使用した転車台が構内に残る

> **マメ蔵**　**南阿蘇鉄道**……国鉄の高森線（立野～高森間17.7km）を1986（昭和61）年に承継した第三セクター鉄道です。豊肥本線が阿蘇のカルデラの北側を通るのに対し、南側を進んでいきます。観光用のトロッコ列車も運転しています。

3章　JR九州の路線のひみつ

ループ線とスイッチバックで鉄道ファンに大人気、肥薩線

KYUSHU RAILWAY COMPANY

旧国名の肥後と薩摩から一文字ずつ取った肥薩線には、もとは幹線の一部だったという歴史があります。また、人吉と吉松を境に3つの区間に分けられ、それぞれの様相が全く異なるのも特徴です。

川沿いから山越えへ

肥薩線は熊本県の鹿児島本線八代駅を起点に、人吉、吉松を経由し鹿児島県の日豊本線隼人駅へ至る、総延長124.2kmの非電化路線です。全通したのは1909（明治42）年で、その時点では鹿児島本線の一部でした。そして、1927（昭和2）年に鹿児島本線が川内経由の現ルートに変更され、この路線は肥薩線と改称されました。

八代から人吉にかけては球磨川に沿って走り、"川線"とも呼ばれます。そして、人吉〜吉松間は肥薩線で最後に開通した区間で、山間の険しい地形の中を通ります。途中に大畑、矢岳、真幸の3つの駅がありますが、そのうち矢岳が山越えの頂上で、勾配の途中にある大畑と真幸はスイッチバック構造です。さらに大畑駅を含む区間は、線路がらせん状に1周し高度を稼ぐループ線になっていて、昔から鉄道愛好者に注目されています。ループ線の途中にスイッチバックがあるのは、全国でここが唯一です。

矢岳駅と真幸駅の間では、車窓から霧島連山、えびの高原を見渡すことができ、これが日本三大車窓のひとつになっています。

観光列車による活性化

吉松〜隼人間は日本らしい里山の風景の中を走ります。このように人吉と吉松を境に、沿線風景は全く異なるのですが、列車運行の面でも実質的にこ

明治の鉄道遺産が残る歴史的路線
観光列車の運行で活性化が進む！

大畑駅。肥薩線沿線には築100年前後の木造駅舎が数多く残る

の3つの区間で別々の路線として機能しています。全線を直通する列車が皆無であるだけでなく、人吉と吉松を越えて肥薩線を走る列車もありません。

　鹿児島本線のルートから外れて以来、ローカル線となっている肥薩線ですが、近年は観光路線として脚光を浴びています。注目のポイントのひとつは、熊本～人吉間で運転する蒸気機関車の「SL人吉」。もうひとつはループ線やスイッチバック、そして車窓からの絶景がある人吉～吉松間で、この区間には観光列車「いさぶろう・しんぺい」を運転しています。

　八代～人吉間には特急「九州横断特急」、吉松～隼人間は特急「はやとの風」が乗り入れ、「いさぶろう・しんぺい」はこれらの特急との乗り継ぎを考慮したダイヤ設定になっています。

左：キハ47形改造の特急「はやとの風」
右：「いさぶろう・しんぺい」が走る人吉～吉松間は肥薩線のハイライト区間

> **日本三大車窓**……列車からの眺めが特に素晴らしい3カ所をこのように呼んでいます。ほかの2カ所は、根室本線新内〈にいない〉駅付近（新線切り替えで1966〈昭和41〉年に廃止）と篠ノ井〈しののい〉線姨捨〈おばすて〉駅付近で、ともに山越え区間にあります。

3章　JR九州の路線のひみつ

観光利用も増加している南九州のローカル線、三角線・吉都線

KYUSHU RAILWAY COMPANY

九州南部には、東回りの日豊本線と西回りの鹿児島本線を幹線として、いくつかの支線があります。その中から熊本県内の三角線と、宮崎県と鹿児島県にまたがる吉都線を見ていきましょう。

ユニークな観光特急が登場した三角線

三角線は鹿児島本線宇土駅から分岐し、宇土半島を走って終点三角に至る総延長25.6kmの路線。1899(明治32)年に全通したという長い歴史を持ちます。かつては急行列車や貨物列車も運行していましたが、国鉄分割民営化の時点では旅客の普通列車のみが走る、平凡なローカル線でした。

しかし、21世紀に入ってから観光需要の掘り起こしに努め、2004(平成16)年には週末運転の「天草グルメ快速『おこしき』」が登場しました。この快速は2011(平成23)年3月に運転を終了しますが、同年10月には観光特急「A列車で行こう」がデビューし、週末や多客期を中心に運転しています。この列車は三角で、松島および天草本島へアクセスする航路「天草宝島ライン『シークルーズ』」に、往路・復路とも接続します。

「A列車で行こう」を含め、三角線の列車はすべて鹿児島本線に直通し、熊本～三角間の運転です。

左：起点の宇土駅。右上にカーブしているのが三角線
右：車窓から満潮時には沈んでしまう漁港、長田部海床路が見られる

テコ入れが奏功し観光客誘致が進んだ三角線
100周年を迎え活性化が見込まれる吉都線

吉都線もかつては幹線の一部

吉都線は、1912（大正元）年に吉松〜小林町（現・小林）間、翌年に小林町〜都城間が開業しました。全通時点での路線名は宮崎線で、当時の鹿児島本線（現在の肥薩線経由）から分岐する宮崎へのアクセスルートという位置づけでした。

その後、宮崎線は宮崎、延岡方面へ延伸されるのですが、1932（昭和7）年に現在の日豊本線ルートが全通し、吉松〜都城間は吉都線となりました。こうした経緯から吉松と都城、両駅名の頭文字をとった路線名とは逆に、起点が都城で終点が吉松です。

かつては急行や特急、そして貨物列車も運転されていましたが、現在運転しているのは旅客の普通列車のみです。設定されている列車の半分以上は、吉松から肥薩線に乗り入れ隼人駅を発着します。また、都城発着で日豊本線に直通する宮崎までの列車も1往復あります。その中で特筆すべき列車は宮崎15時34分発の6767D。都城、吉松を経由して隼人まで149kmの道のりを走破します。隼人着は20時36分で、所要時間は5時間を上回ります。

左：吉都線の南側に広がるえびのの高原。最寄りのえびの駅からはえびの高原方面への路線バスが発着する
右：かつてはメインルートだった吉都線の終点駅・吉松　写真提供：JR九州

> **マメ蔵　路線名の付け方**……三角線のように終着駅の駅名から命名する場合や、吉都線のように始発・終着の駅名の頭文字を組み合わせて命名することもあります。また、地域名や旧国名などにちなむ路線名もあり、そのパターンは多種多様です。

宮崎観光の拠点を結ぶ観光路線、日南線・宮崎空港線

KYUSHU RAILWAY COMPANY

日豊本線が南九州で内陸部を走る宮崎〜隼人間。その南側には国鉄当時3つの路線がありましたが、JR九州に承継されたのは日南線だけでした。空港へのアクセス路線も新設され、イメージも大きく変わっています。

車窓風景が美しい日南海岸沿い

　日南線は南宮崎駅で日豊本線から分岐し、鹿児島県の志布志へ至る路線です。国鉄の路線としては志布志側のほうから先に建設され、1941(昭和16)年に北郷まで到達しました。その時点では西都城を起点に志布志を経由し、北郷までが志布志線となっていました。

　これに対し南宮崎〜北郷間は、戦後の1963(昭和38)年に開業します。その際、南宮崎〜内海間の多くの区間は、前年に廃止された宮崎交通の廃線跡を活用しています。そして、この部分の開通にあわせ、南宮崎〜志布志間88.9kmが日南線となりました。起点は南宮崎です。

　伊比井あたりまでは日南海岸に沿って走り、途中の内海、小内海付近では、海岸の岩が浸食されてできた「鬼の洗濯板」を見ることもできます。一度内陸に入り、日南を過ぎて再び海沿いに出たのち、山間に入って峠を越

左：1996年開業の宮崎空港駅。宮崎空港〜宮崎間は特急列車も乗車券のみで乗車できる
右：宮崎空港駅の外観。南国のイメージが色濃い宮崎空港。駅と空港は連絡通路で直結しており、ゆっくり歩いても2分程度の至近距離にある

観光特急の導入で活性化を推進
空港輸送拡大など意欲的な輸送改善が続く

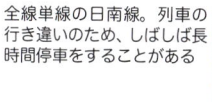

全線単線の日南線。列車の行き違いのため、しばしば長時間停車をすることがある

車内からは景勝地・鬼の洗濯板を見ることができる

えます。その先、串間から終点志布志にかけてはまた海に沿って進みます。

　日南線の普通列車は、全線直通と区間運転があり、起点側は大部分が宮崎または南宮崎の発着で、1往復は日豊本線佐土原駅発着です。このほかに、快速「日南マリーン号」1往復（下りは宮崎発志布志行き、上りは南郷発宮崎行き）と、週末や多客期を中心とした特急「海幸山幸」1往復（宮崎～南郷間）が設定されています。

空港アクセス路線の誕生

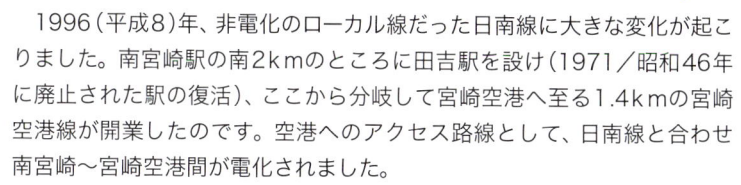

　1996（平成8）年、非電化のローカル線だった日南線に大きな変化が起こりました。南宮崎駅の南2kmのところに田吉駅を設け（1971／昭和46年に廃止された駅の復活）、ここから分岐して宮崎空港へ至る1.4kmの宮崎空港線が開業したのです。空港へのアクセス路線として、日南線と合わせ南宮崎～宮崎空港間が電化されました。

　日豊本線の大分方面から宮崎へ来る特急の大部分が宮崎空港まで直通するほか、普通列車も延岡、佐土原、宮崎、南宮崎の各駅と宮崎空港の間で設定されています。そのなかで、宮崎～宮崎空港間の普通列車は、運転区間がわずか6kmながら、日豊本線、日南線、宮崎空港線の3つの路線にまたがっての運転となっています。

> **マメ蔵　志布志線**……1963（昭和38）年の日南線全通後、西都城～志布志間が志布志線となりましたが、国鉄分割民営化直前の1987（昭和62）年3月に廃止されました。また、志布志～鹿屋～垂水～国分間の大隅〈おおすみ〉線も同じ月に廃止されています。

3章　JR九州の路線のひみつ

JR最南端の路線、指宿枕崎線

KYUSHU RAILWAY COMPANY

途中駅の指宿と終点の枕崎を続けた、独特な路線名を持つ指宿枕崎線。南国を走るこの路線は観光需要だけでなく、県庁所在地鹿児島の都市圏輸送においても重要な役割を担っています。

戦前と戦後に進められた路線建設

指宿枕崎線は1930(昭和5)年に西鹿児島(現・鹿児島中央)～五位野間が最初に開業しました。その後段階的に工事が進み、1936(昭和11)年に山川まで到達しますが、これでいったん延伸はストップします。戦後になって、1960(昭和35)年に西頴娃まで開業し、さらに1963(昭和38)年に枕崎駅までの全通を果たしました。大部分の区間が薩摩半島の海岸に沿い、全線で87.8kmの道のりです。

この路線の列車の大多数は普通で、上り側は鹿児島発着と鹿児島中央発着とがあり、喜入までは1日40往復以上と、かなりの運転密度になっています。下り側は喜入または指宿で折り返す列車が多く、枕崎まで直通するのは下り3本と上り4本だけです。また、指宿～山川間、指宿～西頴娃間、指宿～枕崎間などの区間列車も設定されています。

進化を遂げた観光列車

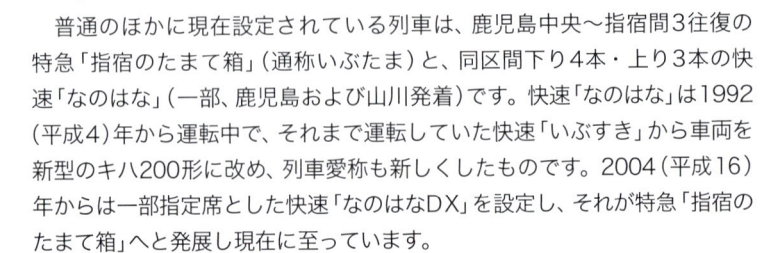

普通のほかに現在設定されている列車は、鹿児島中央～指宿間3往復の特急「指宿のたまて箱」(通称いぶたま)と、同区間下り4本・上り3本の快速「なのはな」(一部、鹿児島および山川発着)です。快速「なのはな」は1992(平成4)年から運転中で、それまで運転していた快速「いぶすき」から車両を新型のキハ200形に改め、列車愛称も新しくしたものです。2004(平成16)年からは一部指定席とした快速「なのはなDX」を設定し、それが特急「指宿のたまて箱」へと発展し現在に至っています。

「いぶたま」投入で活性化が進む指宿以北
指宿以南はローカル線の風情が色濃い

錦江湾の美しい風景の中を行く、指宿のたまて箱。指宿枕崎線は通勤・観光輸送が盛んな山川以北と閑散区間の山川以西で大きく輸送動態が異なる 写真提供：松尾諭

JR線最南端の西大山駅。現在ではすっかり観光地化している 写真提供：JR九州

有人駅のJR線最南端である山川駅。駅周辺は南国ムードにあふれている。

JR線最南端の駅・西大山駅

　西大山駅は、指宿枕崎線で一番南にある駅です。北緯31度11分25秒に位置し、これが全国のJRで最南端の駅ということになります。ただし、この駅は無人で、駅員が配置された駅で最南端となるのは、2つ鹿児島中央より同線の山川駅で、北緯31度12分40秒です。両駅とも最南端を示す大きな標柱があり、現地を訪れた際には記念写真の絶好の被写体となります。

　ちなみにJRで日本最北端の駅は宗谷本線の終点稚内で、北緯45度25分1秒に位置します。西大山と約14度もの開きがあり、日本列島が南北に長いことを実感します。

　なお、私鉄を含めた日本最南端の駅は、沖縄都市モノレール（ゆいレール）の赤嶺駅で、北緯26度11分35秒です。

> **マメ蔵　枕崎駅**……指宿枕崎線は、薩摩半島を時計回りに3分の2周ほどした枕崎駅で途切れています。1984（昭和59）年までは、枕崎駅と鹿児島本線伊集院駅を結ぶ鹿児島交通の路線があり、鉄道で薩摩半島を1周することができました。

4章
JR九州の車両のひみつ

写真提供：JR九州

JR九州は国鉄分割後のJRグループのなかでいち早く新型車両を導入しました。また近年は、「ゆふいんの森」に代表される水戸岡鋭治氏のデザインによる個性的な車両を観光列車として次々に運行、地域活性化にも貢献しています。そして、その頂点ともいえる車両が2013（平成25）年10月に運行開始の日本初の超豪華クルーズトレイン「ななつ星in九州」です。登場ごとにメディアの注目を浴びたJR九州の車両を一挙にご紹介します。

日本初の豪華クルーズトレイン「ななつ星in九州」

KYUSHU RAILWAY COMPANY

「ななつ星in九州」は、豪華列車で観光地を巡る、日本で初めての"クルーズトレイン"です。2013(平成25)年10月15日から運行を開始し、国内最高級の個室寝台車・食堂車・ラウンジ車などが、この列車の乗客のためだけに用意されています。

九州のパッケージツアー専用の客車

「ななつ星in九州」はさまざまな旅の楽しみを凝縮した列車で、「ななつ」という言葉は、九州7県が誇る7つの観光素材(自然・食・温泉・歴史文化・パワースポット・人情・列車)と7両編成の客車に由来しています。コースは九州をほぼ1周する3泊4日コースと北部横断タイプの1泊2日コースがあり、乗客は基本的に2人用個室で過ごしながら、要所要所で下車して、観光・温泉入浴・食事・買い物などを楽しみます。また、列車には食堂車やシャワーが完備されています。

日本の既存の豪華列車(JR東日本の「カシオペア」やJR西日本の「トワイライトエクスプレス」など)が基本的には夜行列車であるのに対し、クルーズトレインは九州の魅力に触れながら時間をかけて周遊するための列車です。それだけに、「ななつ星in九州」の設備は手が込んでいるのです。デザイン担当は、水戸岡鋭治氏率いる**ドーンデザイン研究所**です。

左／国内最高峰の豪華クルーズトレインとして登場。末長い活躍が期待されている　写真提供：坪内政美
右／最後尾に連結される「ラウンジカー」は、大型の一枚窓を採用し抜群の眺望を確保している　写真提供：坪内政美

これぞ水戸岡マジックの真骨頂！
鉄道旅行を堪能できるクルーズトレイン

欧州の貴族の館のような重厚な雰囲気の室内。優華で落ち着いた時間を楽しむことができる　写真提供：坪内政美

流れる車窓が楽しめるラウンジカー。高品質のやすらぎと最上級のおもてなしを体感できる　写真提供：坪内政美

ラウンジカーにはピアノも設置されており、乗客は生演奏を聴きながらくつろぐことができる　写真提供：坪内政美

豪華ホテルのような客室が並ぶ

　7両の客車の内訳は、スイート車4両、DXスイート車1両、ダイニングカー1両、ラウンジカー1両です。客室はすべて2人用個室（DXスイートは3人利用可）で、シャワーとトイレも個室内にあります。スイートは1両に3室、上級個室のDXスイートは1両に2室（つまり編成中に2室）しかありません。DXスイートの一方は車端部を占有しており、大きなガラスの窓を通して、流れる景色を堪能できます。ダイニングカーは食堂車、ラウンジカーは乗車した人々が思い思いに過ごしたり、ときには皆が集う社交場にもなります。夜のラウンジは、ピアノ生演奏付きのバーとなります。

　列車の定員は、客車7両でわずか30人。したがってツアーの料金も高額ですが、悠々自適の熟年カップルや外国人観光客の利用が予想されており、昨今の旅行ブームの中で有力な商品となることが期待されています。機関車は、JR貨物のDF200形ディーゼル機関車をベースとして、客車と一体的に製造されたものです。

> **マメ蔵**　**ドーンデザイン研究所**……水戸岡鋭治氏が主宰するデザイン研究所です。家具や建築などを中心にデザインを行う会社ですが、平成の初めごろから、JR九州のほとんどの車両のデザインを担当しています。

観光列車のシンボル的存在「ゆふいんの森」

KYUSHU RAILWAY COMPANY

「ゆふいんの森」は、博多と別府を久大本線経由で結ぶ特急列車です。天ヶ瀬・由布院・別府など温泉が豊富なことから、行楽客向けの観光列車として誕生しました。専用のハイデッカー気動車がキハ71形・72形です。

水戸岡デザインのハイデッカー展望列車

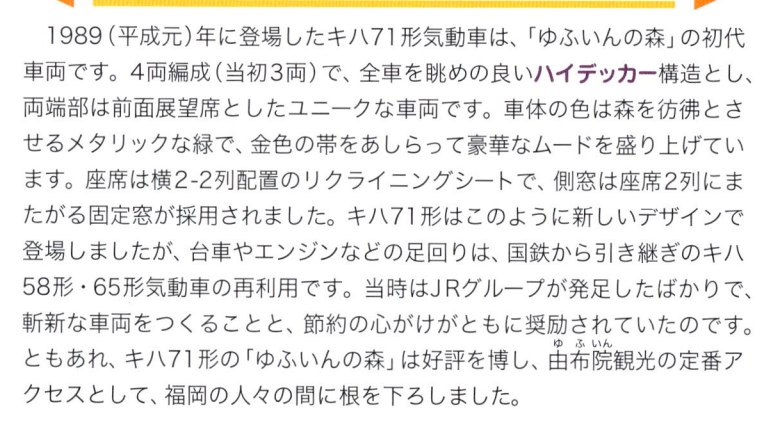

1989(平成元)年に登場したキハ71形気動車は、「ゆふいんの森」の初代車両です。4両編成(当初3両)で、全車を眺めの良い**ハイデッカー**構造とし、両端部は前面展望席としたユニークな車両です。車体の色は森を彷彿とさせるメタリックな緑で、金色の帯をあしらって豪華なムードを盛り上げています。座席は横2-2列配置のリクライニングシートで、側窓は座席2列にまたがる固定窓が採用されました。キハ71形はこのように新しいデザインで登場しましたが、台車やエンジンなどの足回りは、国鉄から引き継ぎのキハ58形・65形気動車の再利用です。当時はJRグループが発足したばかりで、斬新な車両をつくることと、節約の心がけがともに奨励されていたのです。ともあれ、キハ71形の「ゆふいんの森」は好評を博し、由布院(ゆふいん)観光の定番アクセスとして、福岡の人々の間に根を下ろしました。

久大本線の野矢~由布院間を行く特急「ゆふいんの森」。九州の鉄道シーンを大きく変えた名車は今も健在だ 写真提供:松尾諭

初代と3代目の車両が定着

1992(平成4)年には、好評の「ゆふいんの森」を増発するため、それまで「オランダ村特急」に使われていたキハ183系1000番台気動車が「ゆふい

久大本線の活性化を目的に登場
JR九州の観光列車の方向性を決定づけた名車

んの森Ⅱ世」として投入されました。このⅡ世には2階運転台方式の前面展望席があり、初代車両のハイデッカー前面展望と好対照をなしていましたが、1999(平成11)年春、新型のキハ72形気動車に置き換えられました。

キハ72形はキハ71形とよく似たハイデッカー車両ですが、改造車ではなく完全な新製車で、旅客サービス・走行性能とも向上しています。側面は、少し前に登場した787系特急形電車(つばめ)と同様、窓配置が座席1列に1枚ずつとなったことが特徴です。キハ72形は「ゆふいんの森」の3代目ですが、Ⅱ世車両は代役的な存在でした。

外観のよく似た2形式が定着している「ゆふいんの森」は、今や観光列車のシンボルともいえる列車となっています。(キハ72系のデザイン担当:ドーンデザイン研究所)

上:「ゆふいんの森」の出発式の様子(平成元年3月) 写真提供:JR九州
右上:ヨーロピアン風のエンブレムがエレガンスさを引き立てる
右下:一部の側窓は眺望を良くするため縦方向に拡大したものが使用される

元祖・水戸岡デザイン「アクアエクスプレス」 ※80ページに走行写真を掲載

「アクアエクスプレス」は、JR九州が1988(昭和63)年から1992(平成4)年まで博多〜西戸崎間に走らせていたジョイフルトレインです。福岡市郊外の海浜リゾート「海の中道海浜公園」にアクセスする普通列車で、香椎線の活性化にも貢献しました。国鉄生まれのキハ28・58形を改造した車両でしたが、白地に紺色のラインとロゴの入ったさわやかな外観、サロンふうの車内に装いを改めて、好評を博しました。この車両は、のちにJR九州のデザイン顧問となる水戸岡鋭治氏が初めてデザインした鉄道車両で、JR九州がその後の車両デザインの方向性を決めるための重要な作品になりました。なお、1993(平成5)年からは肥薩線の急行「くまがわ」に転じ、2002(平成14)年に廃車となりました。

> **ハイデッカー** ……通常の車両よりも床面の位置を高くした車両を指します。1980年代半ばから1990年代前半にかけて、各地の鉄道会社で導入が進みましたが、近年はバリアフリー対策が困難なことから新たな導入例は減少しています。

肥薩線活性化の切り札として登場
「はやとの風」「いさぶろう・しんぺい」

KYUSHU RAILWAY COMPANY

特急列車の「はやとの風」と普通列車の「いさぶろう・しんぺい」は、観光輸送に特化した列車です。観光客を呼び込むため、地域活性化のため、沿線地域の観光資源として活躍を始めました。

鹿児島県内のみを走る特急列車

日本有数の景勝区間・肥薩線を行く「はやとの風」。「いさぶろう・しんぺい」との接続が取られており、回遊ルートを形成している　写真提供：松尾諭

　「はやとの風」は日豊本線・肥薩線の鹿児島中央～吉松間を走る気動車特急です。このルートは、錦江湾越しに桜島を望み、鹿児島県内では最古の木造駅舎(嘉例川・大隅横川)や霧島温泉郷などの観光資源があります。九州新幹線との接続でアクセスルートを提供するために、この列車が設けられました。走り始めたのは九州新幹線の新八代～鹿児島中央間が開業した2004(平成16)年3月で、接続駅は終点の鹿児島中央です。

国鉄形の気動車を現代的な車両に改造

　「はやとの風」にはキハ147・47形2両編成が使われます。これは一般形気動車のキハ47形を改造したもので、「はやとの風」の専用車です。蒸気機関車を思わせる黒い車体、木製の内装材を多用した車内、しゃれたデザイン

キハ147・47形改造の特急車両
水戸岡マジックで新車同様に生まれ変わる

の一方向きシート、サロンふうの側面展望スペースなど、個性豊かなデザインは、おなじみの水戸岡鋭治氏によるものです。

この車両は国鉄〜JR史上初めて、普通列車用の車両から改造された特急車両となりました。それも、高速運転が苦手だった47形気動車から、特急列車への転身です。開閉式の側窓や乗降デッキを省略した室内も、そのまま引き継がれました。しかし、「特急」という言葉はもともと「特別急行」の略称であり、必ずしも「速い」とか「高級」という意味ではありません。どのように「特別」であるかは問わないのです。

「はやとの風」は観光用に特化した「特別」急行であり、景色をゆっくり眺めたり、自然の空気を浴びたりするには、JRのスタンダードな特急車両よりも適しています。それに、JR九州の特急料金は国鉄時代より安く設定されており、わりあい気軽に利用できます。この列車の導入以降、JR九州は同じ趣向の特急を次々に誕生させ、最近では「D&S列車」というカテゴリーで利用の促進を図っています。

乗車記念のスタンプや記念乗車証もある(「はやとの風」)

肥薩線景勝区間の花形列車として活躍する「いさぶろう・しんぺい」

車両愛称のネーミング

当初、JR九州では、「つばめ」「ソニック」「かもめ」は列車と車両の両方の愛称として採用されました。この流儀は明快ですが、車両の運用が変更されると、人々が慣れるのに少し時間がかかるようです。例えば、「つばめ」が新幹線に移った今でも、787系電車は「つばめ形」と呼ばれがちですし、「白いソニック」(かもめ形車両885系を使った特急「ソニック」)という呼称も使われています。

一方、観光色の強い列車は「ゆふいんの森」「はやとの風」「指宿のたまて箱」のように"地名・風物の○○"というパターンが多く、ユニークなネーミングで興味をかきたてる仕掛けになっています。

> **マメ蔵** D&S列車……JR九州では2013(平成25)年から観光列車のことをこの名称で呼んでいます。Dはデザイン、Sはストーリー。「デザインと物語のある列車」ということです。D&S列車は移動手段としてだけでなく、乗ること自体が楽しみや目的となっており、列車そのものが観光資源となっています。

ハチロク牽引の観光列車「SL人吉」

KYUSHU RAILWAY COMPANY

JR九州のSL列車が、装いも新たに復活しました。雄大な阿蘇山の麓を走り続けた古参の蒸気機関車が、今度は急流の球磨川に沿って走っています。再デビューの2009(平成21)年は、肥薩線の開業100周年にあたります。

現存する唯一の8620形が牽引する「SL人吉」。大正生まれのオールドタイマーが平成の観光列車を牽引する姿はファンならずとも感動を覚えることだろう。拍手を贈りたい 写真提供‥JR九州

豊肥本線から肥薩線へカムバック

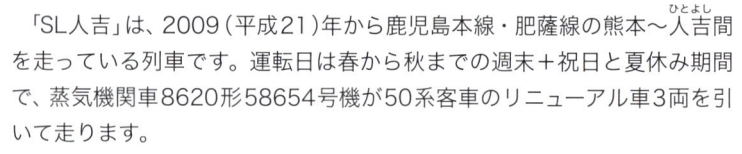

「SL人吉」は、2009(平成21)年から鹿児島本線・肥薩線の熊本〜人吉間を走っている列車です。運転日は春から秋までの週末＋祝日と夏休み期間で、蒸気機関車8620形58654号機が50系客車のリニューアル車3両を引いて走ります。

58654号機は、1988(昭和63)年から2005(平成17)年まで、豊肥本線熊本〜宮地間で「SLあそBOY」として運行していました。「SL人吉」は、故障でリタイアした同機を修復し、観光列車として復活させたものです。客車も、「SLあそBOY」用だった50系が水戸岡鋭治氏によってリニューアルされました。

「SL人吉」が走る肥薩線の八代〜人吉間は、**球磨川**の岸に沿う風光明媚なルートです。急カーブが続くためにあまり速くは走れませんが、阿蘇山の西側に延々と続く豊肥本線の急な坂道からは解放されました。将来に向けて、末永い活躍が期待されます。

九州の至宝58654号機の動態保存列車 肥薩線で新たな人生を歩み出す

第4章 JR九州の車両のひみつ

ハチロクは国産蒸気機関車のパイオニア

「SL人吉」の蒸気機関車8620形は、日本の動態保存SLの中では最も古い形式です。日本の蒸気機関車は、明治時代は欧米からの輸入機だけでしたが、大正時代に国産が始まり、旅客用は8620形"ハチロク"、貨物用は9600形"キューロク"が量産第一号となりました。「SLやまぐち号」や「SLばんえつ物語」のC57形も、大井川鐵道のC11形も、みな8620形や9600形の子孫にあたるわけです。長老の1両が今も本線上を快走しているのは、とても喜ばしいことです。

「SL人吉」が走る肥薩線は歴史が古く、しかも昔の面影をよく残しています。この路線は九州の南北を初めて結ぶ幹線として敷設されたにもかかわらず、途中の厳しい山越えが嫌われるようになり、遠く離れた海岸沿いにバイパス線がつくられました。その後の肥薩線は大きな改良が行われることもなく今に至っています。おかげで、この路線はクラシカルな姿の蒸気機関車が走るにはぴったりのロケーションとなっています。（客車リニューアルの担当：ドーンデザイン研究所）

左上：最後部にある展望ラウンジからの眺めは大人気
右上：車内には鉄道模型の展示コーナー（写真）や図書スペースがある
右下：人吉駅には駅弁の立ち売りも健在で昭和時代へタイムスリップ

球磨川……九州山地を水源とし、熊本県の南部を貫いて八代海へ注ぐ川です。流れが速いことで知られており、山形県の最上川〈もがみがわ〉、長野・山梨・静岡県の富士川と並んで、日本三大急流のひとつとされています。

高千穂鉄道の車両をリメイクした日南線の新エース「海幸山幸」

KYUSHU RAILWAY COMPANY

日南海岸は、宮崎県の南部を占め、かつて戦後の高度経済成長期にはハネムーンの定番エリアでした。特急「海幸山幸」は、そんな日南海岸のリバイバルを託された観光列車です。

景勝地・日南を行く「海幸山幸」。JRの特急形車両で第三セクター出身の車両をルーツとする唯一の形式である

神話のふるさとにちなんだ命名

「海幸山幸」は、日豊本線・日南線の宮崎～南郷間の気動車特急です。宮崎市内から日南海岸への行楽の足として、2009（平成21）年に登場しました。日南線の沿線には青島や飫肥などの観光地がありますが、自家用車やバスで訪ねる人が多く、長い間、鉄道は地元向けの普通列車しか運転されていませんでした。「海幸山幸」はそんな日南線を活性化するために導入された、遊び心いっぱいの観光列車です。愛称は地域にまつわる**海幸彦・山幸彦**の神話に由来していますが、山と海の名所・名物に恵まれた日南線を彷彿させるネーミングにもなっています。

　列車は両運転台車両の2両編成です。車内には横1-2列のリクライニングシートのほか、ソファーを備えたフリースペースやサービスカウンター（2両中1両で、飲食物や記念グッズを販売）が設けられました。座席は指定席（42席）と自由席（9席）の2本立てです。

外観も内装も木製の「おもちゃ」のような列車
旧・高千穂鉄道の唯一の生き残り

木のおもちゃのようなリゾート列車

　「海幸山幸」用のキハ125形400番台は、新潟トランシス製のローカル線用標準形気動車「NDC」です。しかし、その外観は一般的なNDCのものではなく、デザインコンセプトは「木のおもちゃのようなリゾート列車」です。

　車体は白を地色としていますが、側板の大部分は木製で、ナチュラルな木目を外部にさらしています。地元宮崎特産の飫肥杉を中心に、可能な限り天然木（エコ素材）が使用され、車内にも多用されています。まさに走るログハウスといった趣です。

　キハ125形400番台の種車は、宮崎県の北部にあった高千穂鉄道のTR400形気動車です。この2両は、2005（平成17）年の台風被害がもとで廃線となった同社から譲受し、改造のうえキハ125形に編入されました。（デザイン担当：ドーンデザイン研究所）

上：木の温もりが感じられる落ち着いたインテリア。美術館のような洗練された空間を演出した日南線の看板列車　写真提供：JR九州
右：車内のそこかしこに海を象ったシンボルマークがペイントされ、室内デザインのアクセントとなっている　写真提供：JR九州

> **マメ蔵**　**海幸彦・山幸彦**……漁師の兄（海幸彦）と猟師の弟（山幸彦）の確執を描く物語で、兄の釣り針を失って責められた弟が、最後には兄を服従させます。古事記を構成する神話のひとつで、浦島太郎伝説の原型ともいわれます。

第4章　JR九州の車両のひみつ

変遷を繰り返した ユニーク車両の「あそぼーい！」

KYUSHU RAILWAY COMPANY

パノラマ展望席がカッコいい「あそぼーい！」。子犬の「くろちゃん」が所狭しと描かれています。この車両はさまざまな色に塗り替えられ、九州各地で活躍してきました。JR九州の歴史とともに走り続ける気動車です。

前面展望が楽しめるパノラマシートに座ってみたいキハ183系1000番台の特急「あそぼーい！」 写真提供：JR九州

親子並んで掛けられる「くろちゃんシート」

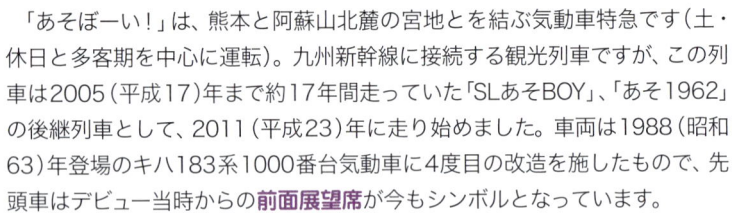

「あそぼーい！」は、熊本と阿蘇山北麓の宮地とを結ぶ気動車特急です（土・休日と多客期を中心に運転）。九州新幹線に接続する観光列車ですが、この列車は2005（平成17）年まで約17年間走っていた「SLあそBOY」、「あそ1962」の後継列車として、2011（平成23）年に走り始めました。車両は1988（昭和63）年登場のキハ183系1000番台気動車に4度目の改造を施したもので、先頭車はデビュー当時からの<u>前面展望席</u>が今もシンボルとなっています。

車体内外の主だった部分は白と黒で塗り分けられ、随所に子犬のマスコット「くろちゃん」が描かれました。車両に描かれたくろちゃんは、全部で101匹。このように、「あそぼーい！」は親子連れ、特に子供を楽しませる工夫にあふれています。なかでも3号車（宮地寄りから3両目）はファミリー車両として、背丈の違う親子が並んで座れる転換式シート「白いくろちゃんシート」、低いカウンターがある「くろカフェ」、遊具のある遊び場、絵本の図書室などが設けられています。実は「あそぼーい」とは、九州の方言で「遊ぼ

遊び心満載のファミリー向け特急車両
沿線住民からも絶大な人気を誇る名車両

うよ」という意味もあり、子供向けの列車にぴったりの命名です。SL時代の列車名は"阿蘇の少年"と受け止められがちですが、九州の人々にとっては「遊ぼうよ」とも聞こえるネーミングだったのです。

転職を繰り返してきたパノラマ気動車

　改造の種車である183系1000番台は、過去に何度も役割を変えた、珍しい車両です。キャリアのスタートは1988（昭和63）年で、テーマパークへのアクセス特急、「オランダ村特急」用に新製されました。オランダ国旗の赤・白・青に塗装され、小倉（のちに門司港）と佐世保を結び、鹿児島本線では電車特急「有明」との動力協調運転を行いました。その後は1992（平成4）年に特急「ゆふいんの森II世」、1999（平成11）年に特急「シーボルト」、2004（平成16）年に特急「ゆふDX」に転用され、それぞれの時点で求められる外観・内装にリニューアルされてきました。

　最新バージョンである「あそぼーい！」には新しい工夫が多く、座席をはじめ多くの部分が新規に製作されました。すでに四半世紀を走っている気動車ですが、これからも元気に走り続けることでしょう。（デザイン担当：ドーンデザイン研究所）

特急「あそぼーい！」は子供たちが楽しめる工夫が随所に見られる楽しい列車だ

マメ蔵　前面展望席……2階運転台式の前面展望席は、日本では1961（昭和36）年登場の名古屋鉄道パノラマカー7000系が先駆けです（引退ずみ）。名鉄以外では、小田急電鉄のロマンスカーやJR東日本などに類例が見られます。

人気の南九州の観光列車「指宿のたまて箱」「A列車で行こう」

KYUSHU RAILWAY COMPANY

九州新幹線全線開業の2011(平成23)年は、JR九州の観光列車が相次いでデビューした年でした。いずれも、ローカル線の旅を盛り上げてくれる個性派気動車による、新しいタイプの特急として設定されました。

大胆な塗装の「指宿のたまて箱」

「指宿のたまて箱」は、指宿枕崎線に登場した新しい気動車特急です。鹿児島中央と指宿を結んで走り、車窓には錦江湾の雄大な眺めが広がります。九州新幹線鹿児島ルートの全通を受けて2011(平成23)年に登場し、九州北部から薩摩半島へのアクセスに花を添えました。JR九州の新しい輸送分野である観光列車のひとつで、先に登場した「はやとの風」「海幸山幸」と同じく、スピードより旅情を重視する特急列車です。

車両は旧国鉄の一般形気動車キハ47形を改造したものです(キハ47・140形の2・3両編成)。薩摩半島に伝わる「竜宮伝説」がテーマの列車で、車体の山側は黒、海側は白という大胆なカラーリングです。面白いことに、停車駅でドアが開く際、浦島太郎のたまて箱にちなんで、車体から白煙に見立てたミスト(霧)が噴き出します。

車内にはリクライニング座席のほか、海側を向いた回転いす席、コンパートメント、サロンふうの区画などがあります。フリースペースの腰掛けを除いて全車指定席です。(デザイン担当：ドーンデザイン研究所)

左右で塗り分けが異なる「指宿のたまて箱」。豪華で洗練された内装も魅力的だ (写真提供：松尾諭)

これぞ観光列車の真髄！
おもてなしの心を体現した素晴らしい車両

大人のムードの「A列車で行こう」

「A列車で行こう」は、熊本から鹿児島本線・三角線を通って三角に至る気動車特急です（土・休日と多客期を中心に運転）。終点の三角で天草方面の天草宝島ライン「シークルーズ」（船）に接続する観光列車ですが、カウンターバーを備えるなど、同じ2011（平成23）年にデビューした「あそぼーい！」とは対照的に、大人のムードいっぱいの列車となりました。

使用車両はもと豊肥本線・久大本線用の特急車だったキハ185系の2両編成です。当時は赤い塗装でしたが、改造に伴い、黒と金に塗り替えられました。列車名の「A列車で行こう」は、ジャズの名曲と同名であるとともに、天草の頭文字Aを表しています。インテリアのコンセプトは「16世紀の天草に伝わった南蛮文化」です。乗客はその豪華な座席に身をゆだねつつ、ジャズの名曲を聴きながらアルコール飲料を楽しむ──というわけです。

車内の雰囲気にばかり目が行きそうな列車ですが、三角線は雲仙普賢岳や有明海（島原湾）の眺めが素晴らしく、車窓風景も楽しめます。「A列車で行こう」は豪華列車の旅を気軽に味わえる、希少なお値打ち列車です。（デザイン担当：ドーンデザイン研究所）

三角線を走行する「A列車で行こう」。熊本駅のホームにはスウィング・ジャズが流れ、旅気分を盛り上げている（写真提供：JR九州）

> **マメ蔵** **A列車で行こう**……1939（昭和14）年に発表され、1941（昭和16）年にデューク・エリントンの楽団のレコードで大ヒットしたジャズの名曲（原題はTake the 'A' Train）。A列車とは、ニューヨーク市地下鉄のA線（急行系統）を表しています。

九州新幹線部分開業時にデビュー、800系

KYUSHU RAILWAY COMPANY

JR九州で初めての新幹線車両は、白い車体に赤帯を巻いて登場しました。東海道・山陽新幹線とは運転条件などが異なることから、JR九州の看板車両としてオリジナリティを感じさせる車両に仕上がっています。

左：初の水戸岡デザイン新幹線となった800系。「おもてなし」をテーマにしたデザインコンセプトが随所に感じられる素晴らしい車両だ　写真提供：JR九州
左下：車体に入ったロゴマーク

なめらかな流線形の先頭部

　800系新幹線は、九州新幹線の主力車両です。2004（平成16）年の新八代〜鹿児島中央間の開業時に投入されました。基本的な設計は東海道・山陽新幹線の700系に準じていますが、九州特有の運転条件を考慮して、いくつかの変更が行われています。

　まず、脊振山地と紫尾山の横断ルートに新幹線最急勾配の35パーミル（1,000分の35）が設定されたことから、登坂とブレーキの性能を高めるため、全電動車方式が採用されています。

　また、九州内での輸送需要を考慮して、800系は普通車のみ6両の身軽な編成になりました。座席配置もすべて横2-2列とゆったりしています。使用電源は交流2万5,000Ｖで、300系以降の新幹線車両と同じく、VVVFインバータ（134ページ）による交流誘導モーター制御で走ります。ただし、最高速度は整備新幹線規格の260km/h対応となっています。

> # 九州オリジナルの新幹線車両!
> # 木のぬくもりに囲まれた豪華で洗練された車内空間

九州のアイデンティティを洗練された形で表現

　この800系の最大の魅力は車内設備です。九州新幹線はトンネル区間が非常に長く、新八代〜鹿児島中央間の車窓はほとんど闇に閉ざされます。そのため、従来にも増して、乗客の視線が重視されました。これに加え、利用者層は東海道・山陽新幹線より観光客の比率が高まるとの予想から、日本らしさ・九州らしさを感じさせるデザインが選ばれました。

　800系は先鋭的なデザインと先端技術に、九州ならではの匠の技が融合されており、グローバルな視点で日本の旅が演出されています。側窓の日除けには九州山地の山桜を用いたロールブラインド、洗面所のカーテンには八代い草の縄のれんが使用され、座席には木製の背もたれ、肘掛け、テーブルと、木のぬくもりを感じさせる要素が随所に盛り込まれています。

　800系はこれらのデザインが評価され、**鉄道友の会**から2005（平成17）年のローレル賞を受賞しました。2009（平成21）年には、先頭形状・塗装・車内設備を変更しさらに豪華になった新800系が登場しました。また、2011（平成23）年の博多〜鹿児島中央間全線開業に合わせ、初期車の外観・内装も、可能な範囲で変更が行われています。（デザイン担当：ドーンデザイン研究所）

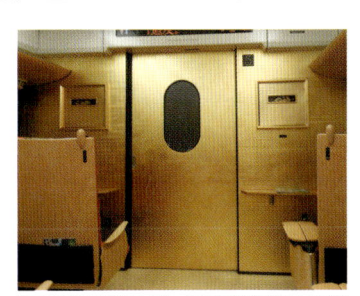

新800系の客室とデッキの仕切り壁には金箔が貼られ、豪華な空間を演出している

左：洗面室には八代産い草を用いた縄のれんが付く

右：座席は横4列。新800系の座席は柄が6両すべて異なる

> **鉄道友の会**……日本最大の鉄道趣味団体です。鉄道車両・施設見学などの会員向け各種イベントのほか、前年登場の新車に対し、会員投票によるブルーリボン賞と、選考委員会によるローレル賞の授賞を行っています。

山陽新幹線に乗り入れる N700系8000番台

KYUSHU RAILWAY COMPANY

山陽新幹線と九州新幹線がつながり、大阪と鹿児島は直通列車で最速3時間42分で結ばれました。この直通に使われるのがN700系の専用編成で、最速タイプの「みずほ」、主要駅停車の「さくら」に活躍しています。

そもそもN700系とは

山陽新幹線との直通運転に用いられるN700系8000番台 写真提供：JR九州

　N700系新幹線のオリジナルタイプ(0番台)は現在の東海道・山陽新幹線の主力で、2007(平成19)年に登場しています。N700系は、東海道区間ではカーブ走行時に**車体を傾斜**させて許容最高速度(270km/h)での走行区間を増やし、山陽区間では700系の最高速度(285km/h)を上回る300km/h運転を行うために開発されました。そのためN700系は、東海道区間で求められる座席定員を確保し、かつ山陽区間で300km/h運転を実現するため、空気抵抗を計算しつくした先頭形状を採り入れています。

　JR九州は自社の新幹線に適した800系新幹線を保有していましたが、2011(平成23)年の九州新幹線全通に向け、新大阪〜博多〜鹿児島中央間を直通できる新車両をJR西日本と共同で開発します。この車両はN700系の派生型とされ、JR九州所有の車両は8000番台、JR西日本の車両は7000番台となりました。両番台は統一されたデザインであるため、遠目に見分けるのは困難です。車体番号の脇にJRマークが入りますが、こちらのカラーリングが赤いものは8000番台、青いものは7000番台となります。また、前面ガラス

九州車と西日本車の2種が存在
自由席は横5人掛けで輸送力を確保

の上部にRが入っているものはJR九州、SはJR西日本と見分けられます。車内ではデッキから客室に入る扉の上にも会社名が表記されています。車内チャイムも8000番台が博多～鹿児島中央間でJR九州オリジナル版を使用しているのに対し、7000番台は「いい日旅立ち」を使用しているなど、細かな違いがあります。

内外装とも統一したデザインの7000番台(JR西日本車)と8000番台(JR九州車)。8000番台の車体番号脇にはJR九州の赤いロゴマークがペイントされている

和のもてなしをイメージした車両デザイン

九州・山陽新幹線直通用のN700系8000・7000番台は、東海道区間には乗り入れません。そのため、適正な輸送量の想定から8両編成で設計され、過剰な装備となる車体傾斜機構は省略されました。その代わりに、九州区間の急勾配を走行するため、0番台と異なり8両すべてが電動車となっています。また、車体色は従来の白に代わって淡い青緑となりました。これは伝統的な陶磁器の青磁をイメージし、日本の「和」を体現しています。

車内設備は普通車指定席・普通車自由席・グリーン席(1両の半室)の3種類で、座席は自由席車のみ横3-2列、ほかは横2-2列です。これは山陽新幹線専用車の「ひかりレールスター」にグリーン席を新設したスタイルで、さまざまな輸送需要に対応しています。

上:自由席車は横5列だが、指定席車は横4列の幅広シートが採用されている。壁側にはコンセントがありビジネスマンに好評
右:トイレや洗面所周辺は曲線的なデザインが採用されている

車体を傾斜……N700系は、空気バネの圧力を増減することで車体を最大1度傾斜させ、曲線通過速度を向上しています。これにより、乗り心地を低下させずにカーブでの減速を抑えることができます。

丸みを帯びた車体で人気!
振り子式の特急形車両885系

KYUSHU RAILWAY COMPANY

九州随一のエキゾチックな街・長崎へ、博多駅から案内してくれるのが特急「かもめ」です。人気観光地へのアクセスで、サービスに妥協は許されません。885系はそんな高いハードルに挑む、在来線特急車の力作です。

丸みを帯びたデザインが特徴の885系。振り子システムを採用し、長崎本線や日豊本線の高速化に大きく寄与している 写真提供：松尾諭

787系、883系のデザインから脱却

　885系特急形電車は、博多〜長崎間の特急「かもめ」と博多〜大分間の特急「ソニック」に使われる車両です。長崎本線の特急は1976(昭和51)年のデビュー以来「かもめ」の愛称が定着していますが、車種の変遷に伴って "赤いかもめ" "ハイパーかもめ" とも呼ばれ、現在の885系は "白いかもめ" と通称されています。

　885系は787系「つばめ」、883系「ソニック」に続く都市間特急第3弾として、2000(平成12)年に登場しました。先の2形式がメタリックで角張った車体を持つのに対し、885系は丸みのある白い車体が特徴です。車内設計もユニークで、木製のフローリングに黒革の座席が配置されました。これらの特急車はすべて水戸岡鋭治氏のデザインですが、路線ごとに個性を持たせる考え方がよく活かされています。

制御付き自然振り子システムで難所を突破

　885系には、「制御付き自然振り子式」と呼ばれる車体傾斜システムが組み込まれています。これは車体の重心を下げて、車体と台車の間にコロ

曲線を多用した振り子式車両
帯色が青色に統一され、ますますシャープに！

を入れることによって、曲線走行時に車体が内側へ傾くようにしたものです。こうすると、車体への遠心力は安定的に相殺され、乗り心地を落とさずに高速でカーブを抜けられるのです。「制御付き」というのは、カーブの出入口で急に傾かないよう、車体の動作をコンピューターで補助するシステムです。振り子式車両は、地形の険しい日本の鉄道に適しており、JR旅客6社はすべてこの種の特急車を保有しています。JR九州初の振り子式車両は883系「ソニック」でしたが、2番手となった885系の完成度が高く、のちにはこれが特急「ソニック」の増強にも使われました（通称"白いソニック"）。

「かもめ」が走る長崎本線は、有明海に沿う肥前山口～諫早間に急カーブが連続しています。「かもめ」はこの区間の所要時間を885系によって短縮し、長崎への観光客にスピードと快適さを強くアピールしました。この車両は登場の翌年、鉄道友の会のブルーリボン賞と、鉄道デザインの国際的な賞であるブルネル賞を受賞しています。（デザイン担当：ドーンデザイン研究所）

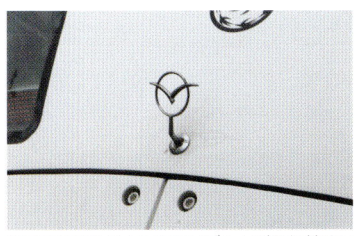

前面にはオリジナルのエンブレムが取り付けられている

登場当時の885系「かもめ」。現在と異なり黄色い帯が入っていた　写真提供：JR九州

白を基調とした885系のデッキ付近の内装

ユニバーサルデザインを採用した室内空間は快適そのもの。バリアフリーにも対応している

赤いかもめ……JR九州が国鉄から引き継いだ485系特急形電車は、同社のコーポレートカラーである赤1色に塗り替えられました。これらは"赤い特急"と総称され、485系使用の「かもめ」は"赤いかもめ"と呼ばれました。

第4章　JR九州の車両のひみつ

青いフォルムが大人気の883系

KYUSHU RAILWAY COMPANY

博多と大分を結ぶ特急は、ほかの交通機関との激しい競争にさらされています。高速道路との競合はもちろん、博多〜小倉間の山陽新幹線も自社の路線ではないのです。JR九州は積極策に出て、利用者を獲得します。

キャッチフレーズは「ワンダーランド」

883系特急形電車は、博多と大分を小倉経由で結ぶ特急「ソニック」の車両です。この電車はJR九州で初めて急カーブ対策の振り子システムを導入し、1995（平成7）年に登場しました。883系はこの技術だけでなく斬新なデザインから「ワンダーランドエクスプレス」の愛称で売り出されました。投入線区の日豊本線はカーブが多いことで知られますが、そのハンディ克服のために振り子システムを採用。所要時間は21分も短縮されています。

ファンタジックな魅力の「ソニック」

883系のデザインにあたっては、人の目を引き、好奇心を持たせ、乗った人を楽しませることに力が注がれました。その結果、先頭部はロボットのよ

現在の883系。メタリック調の塗装やスタイリッシュな前面デザインは色あせることはない　写真提供：松尾諭

JR九州の鉄道ワンダーランド化を推進！
遊び心満点の特急形車両

上：883系の3次車(一番右)と4次車が勢ぞろい。登場当時の883系は塗装のバリエーションが豊富だった。883系はリニューアル時に塗色が現在の濃青色に変更されている　写真提供：JR九州
右：883系の内装で際立ったのは、ユニークな形状の座席だ。動物の耳のような、斬新なデザインのヘッドレストが話題となった。現在はシックなカラーリングに変更されている(九州鉄道記念館にて展示中)

うなメタリックブルーの顔、側面はこれにマッチする無塗装のステンレス鋼となりました。この車体は、もちろん軽量化のためでもあります。座席は2人掛けのリクライニングシート(2-2列)ですが、ヘッドレストの両側が耳のように跳ね上がり、動物がずらっと並んでいるようにも見えます。さらに、新製時の座席は、子供に喜ばれるようなにぎやかな配色でした。

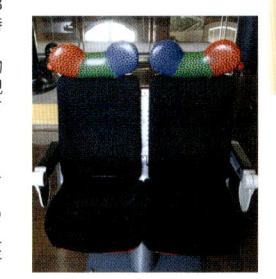

　これらは具体的なテーマを表すのではありません。利用する人が、なぜか楽しい、わくわくするような列車……というのがデザイナーの狙いでした。ソニック(sonic：音の、音速の)の愛称はスピードやハイテクを連想させます。この方針が見事に当たり、883系はブルネル賞、鉄道友の会のブルーリボン賞を受賞しました。

　2005(平成17)年から翌々年にかけてリニューアルされ、車体は全面的に濃い青に塗装されました。インテリアも大人向けに改められましたが、これも非常にセンスがよく、新製時のワンダーランドとは違ったカッコよさで利用者を楽しませています。(デザイン担当：ドーンデザイン研究所)

> **日豊本線**……小倉駅と鹿児島駅を結ぶ幹線鉄道です。九州東海岸の諸都市を結んでいますが、福岡と大分・宮崎の間に高速道路が開通し、国鉄時代の主役だった特急「にちりん」(小倉〜宮崎間)は目立たなくなりました。

旅の楽しさを積極的に演出した旧つばめ形車両、787系

KYUSHU RAILWAY COMPANY

移りゆく風景を眺めながら、ビールや駅弁をのんびり味わう。ほかの乗り物ではなかなか味わえない楽しみを追求したのが787系です。不採算などの理由で消えていったサービスを、この車両は復活させてくれました。

水戸岡デザインによる初の特急車両

　787系特急形電車は、1992（平成4）年に博多〜西鹿児島（現・鹿児島中央）間の特急「つばめ」用として登場しました。水戸岡鋭治氏が初めて手がけた特急列車で、鉄道旅行の普遍的な楽しみを追求した設計により、利用者に大好評を博しました。787系は、「動くホテル」を目指して設計され、車内にはカーペットを敷き、明かりは間接照明。網棚の代わりに、ふたが閉まるハットラックを採用。公共交通機関で初採用となる男女別のトイレも話題となりました。

　外観は、精悍な顔つきの先頭部と、メタリックなダークグレーの塗装が採用されました。このモノトーン塗装は、品のよさや「つばめ」らしさを印象づけました。車内のカラーリングも黒と灰色が中心で、以前の特急車に比べると少々暗い感じです。しかし、それだけに窓からの光が心地よく、外の景色が鮮やかに見えるのです。新幹線ができるまでの鹿児島本線は海の眺めが素晴らしかったので、この客室構造は的を射ていました。

斬新なフォルムは登場後20年以上経過した今も色あせることがない。現在もJR九州在来線の主力として活躍している

4章 JR九州の車両のひみつ

個室やビュッフェを備えた「動くホテル」
登場から20年を経た今も斬新さは色あせず

先頭車は密着連結器を採用

改装により落ち着いた内装となった787系

JR九州の看板車両として登場した787系。ビュッフェ（現存せず）やセミコンパートメントを連結する豪華編成が話題となった

デビュー当時の編成略図

1	2	3	4	5	6	7	8	9
クモロ787 ❶	モハ786-100	サハシ787 ❷	モハ787	モハ786	サハ787-100	サハ787	モハ787	クモハ786

←西鹿児島　　門司港→

❶=半室グリーン車
❷=半室ビュッフェ

◀ ビュッフェの復活に世間が注目 ▶

　何よりも注目されたのは、基本の9両編成に1両連結されたビュッフェ車でした。運営の難しさから消えていった、一般列車用の軽食堂車が復活したのです。立食カウンターの簡易なタイプながらも、車窓を見ながら喫茶・飲酒ができる設備は、古き良き時代の旅を思い出させました。787系にはそのほか、「トップキャビン」と称するグリーン客室、セミコンパートメント型のグループ向け普通席などがあり、客室乗務員によるビュッフェ営業やグリーン室の応対、車内販売をともなって大ヒットしました。この車両もブルネル賞、ブルーリボン賞を受賞しています。

　しかし、2004（平成16）年に九州新幹線新八代〜鹿児島中央間が開業すると、787系の「つばめ」は博多〜新八代間の「リレーつばめ」に装いを改め、ビュッフェは廃止されました。さらに2011（平成23）年の新幹線全線開業と同時に「リレーつばめ」としての役目を終え、それ以降、787系は短編成のローカル特急列車として九州各線で使われるようになっています。787系は、現状こそ地味ですが、人々の目を鉄道に向けさせた名車として末永く記憶されることでしょう。（デザイン担当：ドーンデザイン研究所）

> **マメ蔵　つばめ**……JR九州に特急「つばめ」が登場する以前、「つばめ」は戦前・戦後の2度にわたって、東海道本線最上級の特急列車に付けられた愛称でした。つばめは国鉄の良き時代のシンボルで、マスコット的な存在でもありました。

新生JR九州を印象づけた中央ドアの特急形車両、783系

KYUSHU RAILWAY COMPANY

JRグループ発足当初は、どの会社も"国鉄流を排して生まれ変わった"ことを訴えるのに懸命でした。783系電車もそのひとつで、前面展望、センタードアなど、ユニークな設計を重視した時代性がしのばれます。

◀ JR特急車の先鞭をつけたハイパーサルーン ▶

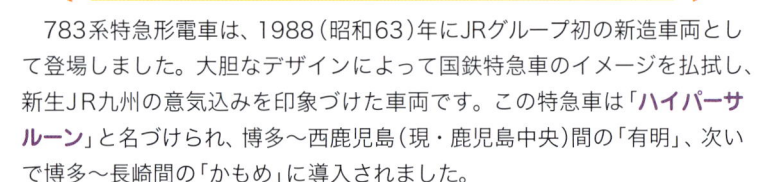

　783系特急形電車は、1988(昭和63)年にJRグループ初の新造車両として登場しました。大胆なデザインによって国鉄特急車のイメージを払拭し、新生JR九州の意気込みを印象づけた車両です。この特急車は「**ハイパーサルーン**」と名づけられ、博多〜西鹿児島(現・鹿児島中央)間の「有明」、次いで博多〜長崎間の「かもめ」に導入されました。

　車体は国鉄〜JRの特急車として初のステンレス製。普通鋼製の先頭部を組み合わせ、先頭部はスピード感あふれるデザインです。各車両の側面には扉が中央部1カ所だけに設けられ、従来の鉄道車両とは異なる編成美が生み出されました。このレイアウトは、乗降デッキ両側の客室を指定席と自由席、あるいは喫煙席と禁煙席に区切るためのものでした。また、大きな側窓のグリーン席が、2両の先頭車の一方に設けられました。

　運転台は国鉄の特急形電車とは完全に異なる平屋スタイルで、背後の仕切りをガラス張りとして、客室から前面が展望できるようになっています。

佐賀駅を出発する783系。分割・併結が可能な構造を活かし、現在も佐世保・大村線などで活躍している

1両2室のユニーク車両！先頭車は客室からの前面展望を重視

先頭車は運転台後位をガラス張りとして客室内からの眺望性を向上させている

デビュー当時の編成略図

1	2	3	4	5
クロハ782※	モハ783	サハ783	モハ783-100	クモハ783

←西鹿児島　門司港→　※半室グリーン車

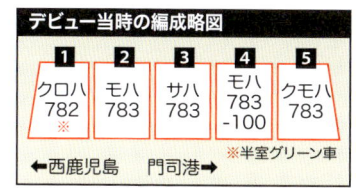

特急「ハウステンボス」用車両の側面には専用ロゴがラッピングされている

◀ 無駄な装備をしないのも民営化の効果 ▶

　技術面で注目されたのは、在来線で初の130km/h運転に対応（当初は120km/hで運行）したことと、交流電源専用の電車となったことです。国鉄から引き継がれた485系特急車は交直両用で、交流電化の九州だけでなく、直流電化の山陽本線に乗り入れることも可能でしたが、そのような特急列車を運転する機会はありませんでした。そのため、JR九州が新造投入する特急車は、余分な装備に伴うコストを払わないことにしたのです。これもまた、国鉄時代の全国一元運営が終わったことを象徴するできごとでした。この783系は、鉄道友の会の選考委員会が選ぶローレル賞を受賞しています。

　783系はたちまちJR九州の人気車両となり、グリーン客室の女性乗務員「ハイパーレディ」も好評を博しました。しかし、このあと787系「つばめ」、883系「ソニック」、885系「かもめ」などの特急車が導入され、783系は塗装変更などを経て補完的な役割に回るようになりました。783系は、現在は博多〜佐世保間の「みどり」、博多〜ハウステンボス間の「ハウステンボス」、日豊本線の「にちりん」などに使われています。

> **マメ蔵　ハイパーサルーン**……「超豪華列車」の意味。"スーパーサルーン"という命名もできたはずですが、新生JR九州は、ありふれた表現を避けて、耳に残る名前をめざしたのかもしれません。

地下鉄乗り入れ用の直流形電車 103系1500番台と303系

KYUSHU RAILWAY COMPANY

国鉄から承継した103系1500番台とJR九州が開発した303系は、直流電化区間の唐津線(唐津〜西唐津)・筑肥線と相互直通運転を行う福岡市営地下鉄空港線で運用されている専用の直流電車です。

直通運転用に開発された103系1500番台

直流電化区間の唐津線(唐津〜西唐津)および筑肥線と福岡市営地下鉄空港線の相互直通運転に対応する103系1500番台は、1982(昭和57)年に6両編成9本の合計54両が新製されました。製造当時はすでに常磐緩行線用として新型式の203系が発注されていましたが、筑肥線用には国鉄の財政事情と**筑前前原駅**以西の列車密度の低さから203系は見送られ、製造コストの安い103系を、設計変更して導入されました。

車体や内装は実質的に201系を基本として、前面部は105系と類似した形状で貫通扉を設置しています。機器配置は地下鉄乗り入れ仕様に準じていますが、主制御器は従来の103系と同様のタイプを採用。登場時の塗色はスカイブルーにクリーム色のラインが入ったデザインで、先頭車両の行き先表示器横にJNRマークを掲出していました。JR九州移行後に、6両編成4本が先頭車化改造によって3両編成8本に分割され、塗色もシルバーにドア部分と先頭部のみレッドという出で立ちに変更されました。

筑肥線の電化時に投入された103系1500番台。当初はスカイブルーとクリーム色のツートンカラーだった

103系1500番台の室内。登場時のシートはこげ茶をベースに、7人掛けのシートの中央部のみがオレンジだった

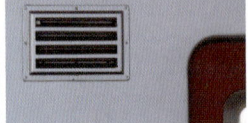

左:筑肥線の筑前前原以西にはホームが低い駅も少なくないが、都心部乗り入れを考慮してステップは設置されていない
中:側扉横には換気用のルーバーが設置されている

4章 JR九州の車両のひみつ

JR九州唯一の直流電化区間を走る!
国鉄形103系1500番台と洗練された303系

筑肥線増発対応のJR九州初の直流電車

　筑肥線一部区間の複線化によって列車が増発されることになり、1999（平成11）年に登場した新形式が303系です。JR九州で製造した唯一の直流専用電車で、交流電化の他線区には入線できません。815系をベースに設計されましたが、車体にはステンレスを使用し、前面部は貫通扉を片側へ寄せた独特のデザインが特徴です。ステンレス無塗装に扉部をレッド、前面部をブラックとし、前照灯上部などに形式名の「303」ロゴが入ります。

　車内は区切り付きのロングシートで大型窓にはＵＶカットガラスを使用し、車いすスペースやＬＥＤ式案内表示器を設けました。6両編成2本が新製され、2002（平成14）年に6両編成1本を増備し、2003（平成15）年には西唐津寄りのクハ303に車いす対応のトイレを設置しています。303系は同じ直流電車の103系1500番台とともに唐津鉄道事業部唐津車両センターに配置され、西唐津〜福岡空港間で運用されています。（103系1500番台・303系ともデザイン担当：ドーンデザイン研究所／103系1500番台はリニューアルのみ）

右：筑肥線の次世代型通勤形車両303系。ブラックフェイスが印象的な都会的車両だ

左：片持ち式シートの室内。首都圏や関西圏の通勤型車両とも一味異なる洗練された雰囲気を醸す

マメ蔵　筑前前原駅……筑肥線の運行上の拠点となる駅。筑肥線は筑前前原を境に姪浜まで複線、唐津まで単線区間です。福岡市地下鉄の車両の多くが折り返すほか、103系1500番台の分割・併結も行われています。

最新鋭の近郊形817系、ブルネル賞受賞の815系

KYUSHU RAILWAY COMPANY

国鉄引き継ぎのローカル輸送用電車は、21世紀の初めごろから、新しい近郊形電車によって淘汰が進められています。新時代のスタンダード車は817系、先行車両が815系です。

九州の各地で活躍する817系

　817系近郊形電車は、2・3両の短い編成で運用できる3扉車で、2001(平成13)年に導入されました。福北ゆたか線など九州各地で使われています。817系は、この用途の先駆けとなった815系を量産化した車両で、VVVFインバータ制御(134ページ)によって高速・高加減速の運用を可能にしています。

　この車両の外観は、アルミ合金の無塗装かつ平滑な車体と、切妻型の黒い前面が特徴です。車内には木材が多用され、座席は黒革張りの転換式クロスシートが採用されました。側窓は扉間1枚の巨大なガラス板で、UVカットガラスのため、日除け類は設けられていません。外観のおとなしい車両であるだけに、この車内デザインには意表を突かれます。

　817系はほかにも出入口の吊り革の配置を円形にするなど、見た目に楽しく実用的でもあるデザインを採り入れています。なお、2012(平成24)年には白いカラーリングの新バージョンも登場しています。通勤通学のラッシュ輸送が考慮され、ロングシートで製造されました。

上：ブラックフェイスの洗練されたマスクが印象的な817系。側窓も大きく取られており、高い居住性を誇る
右：817系も水戸岡氏のデザイン。車内は革張りシートが採用されている

水戸岡イズムの神髄！
817系は革張り座席での通勤輸送を実現

熊本都市圏で活躍する815系

日豊本線を行く815系。平滑な無塗装アルミ車体は遠目にも美しい 写真提供：松尾諭

　815系近郊形電車は、JR九州が初めて地方都市圏用に開発した電車です。ワンマン運転対応の3扉車2両編成で、1999（平成11）年の豊肥本線熊本〜肥後大津間の電化に合わせて導入されました。制御方式は次項の813系と同じくVVVFインバータ制御です。この車両は、のちに登場する量産車817系の原型として、少数が製造されたにとどまっています。

　815系の車体は平滑なアルミ合金製で、前面はシンプルな切妻型です。前面の窓下には丸形の前照灯が左右に分けて取り付けられ、全体的に角張った車体の中で、柔らかさを感じさせるアクセントとなっています。車体は基本的に無塗装（銀色）ですが、ドアやスカートは赤く塗られ、遠くからでもよく目立ちます。

　車内は朝夕の混雑に備え、JR九州の新造車では初めてオールロングシートとなりました。側窓は扉間1枚サイズのUVカットガラスで、これも初の採用です。なお、この815系は、2001年にブルネル賞を受賞しました。885系特急車と同時受賞の快挙です。（817系・815系ともデザイン担当：ドーンデザイン研究所）

> **木材・黒革**……どちらも鉄道車両には珍しい内装材ですが、木材は不燃加工が可能になり、黒革は安価に調達できる仕組みをつくったことで、高級感のある車内設備を設計・デザインできるようになりました。

JR九州初のVVVF車813系、同社のイメージを一新した戦略車811系

KYUSHU RAILWAY COMPANY

博多駅を頻繁に行き交う長編成の近郊形電車が813系・811系です。最高速度120km/hの快速列車は、福岡都市圏に欠かせないサービス。本州の三大都市圏を彷彿させる、アクティブな鉄道の姿がここにあります。

一大勢力に成長した813系

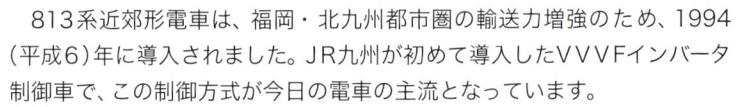

　813系近郊形電車は、福岡・北九州都市圏の輸送力増強のため、1994（平成6）年に導入されました。JR九州が初めて導入したVVVFインバータ制御車で、この制御方式が今日の電車の主流となっています。

　VVVFは「可変電圧・可変周波数（Variable Voltage Variable Frequency）」という意味で、従来の直流モーターに代えて交流モーターを制御する技術です。VVVF制御車は車輪の粘着力（摩擦力）が強いので、加速・減速がすばやく、編成中の動力車の数が少なくてすみます。また、発電ブレーキまたは電力回生ブレーキ（ブレーキ時に発電した電力を架線へ戻す機構）の利きがよく、交流誘導モーターは手入れが容易です。VVVF制御はこのように優れた技術ですが、JR九州の幹線は交流電化なので、VVVF制御車は架線からの交流電流をいったん直流化し、再度変換して交流モーターに送らねばなりません。しかし、それだけの手間をかけても、導入する価値があるのがVVVF制御なのです。

　813系の車体と内装は1代前の811系によく似ています。ただ、併結運転の際に編成間を通り抜けやすいよう、先頭部は切妻型になりました。また、この車両は水戸岡鋭治氏が初めてデザインした近郊形電車でもあります。（デザイン担当：ドーンデザイン研究所）

左：赤基調のカラーリングを採用した813系。普通列車での運用が多い
右：813系には行先表示器を大型化したグループもある

JR九州のイメージを変えた近郊形車両たち
転換式クロスシートで快適な通勤空間を実現

均整のとれた外観の811系

　811系近郊形電車は、福岡・北九州都市圏の旅客サービス向上のため、1989（平成元）年に導入されました。JRグループは1987（昭和62）年に発足したばかりで、当時はJR各社が、利用者に喜んでもらえる車両をつくろうと張り切っていました。811系もそのようにして生まれた車両です。

　811系の車体はステンレスの本体に普通鋼の先頭部を組み合わせたかたちになっていますが、その先頭部のつくりが凝っていて、ゴーグルを付けた顔のように、颯爽とした表情を感じさせます。また、通勤ラッシュを想定した3扉車に、国鉄時代は例のなかった転換式クロスシートが設けられました。この構造は同時期にデビューした**JR西日本221系**電車、JR東海311系電車と同様で、各社が影響しあってサービス改善に取り組んでいたことを思い出させます。813系と811系は、鹿児島本線の門司港〜荒尾間などで快速・普通列車に運用され、通勤通学・買い物・行楽など広く親しまれています。

福岡都市圏を中心に活躍を続ける811系

> **JR西日本221系**……京阪神地区の新快速用として1989（平成元）年に登場した、3扉・転換式クロスシートの近郊形電車です。外観・内装・スピード・乗り心地とも大好評を博し、ほかの鉄道会社にも影響を与えました。

国鉄近郊形電車の生き残り、713系・717系・415系

KYUSHU RAILWAY COMPANY

JR九州が国鉄から承継した近郊形電車は雑多でした。大量に必要になった時期は、国鉄の赤字が深刻になったころ。しかも交流電車は高価とあって、少量生産や在来車の近郊形化改造を繰り返していたのです。

ローカル輸送用の交流電車、713系

登場から間もない713系。懐かしい「タウンシャトル」のヘッドマークが誇らしげだ（写真提供：JR九州）

　713系近郊形電車は、国鉄時代の1983（昭和58）年に導入されました。それまでの近郊形電車は、4両編成を基本とする3扉のセミクロスシート車がほとんどで、しかも直流ないし交流・直流両用でした。国鉄は、新たに電化した地方都市圏（多くは交流電化）で使うには不向きと考え、2両編成で2扉セミクロスシートの交流専用電車を新製したのです。これが713系で、長崎本線に投入されました。今は全車が宮崎地区に移籍し、特急タイプの座席に交換したうえで、宮崎空港アクセス列車に使用されています。

　なお、1986（昭和61）年から数年にわたり導入された車両として、717系近郊形電車がありました。713系と同じ設計思想の2両編成ですが、製造コストを抑えるため、廃車された急行形電車の機器を流用してつくられたものです。中には、急行形電車の側面中央にドアを新設し、もとの2扉と合わせて3扉車体とした珍車もありました。大分・宮崎・鹿児島の各都市圏に投入されましたが、新型車両への置き換えが進み、今では消滅しています。

現在の713系。全車両が宮崎地区に配置され、赤い車体となった

国鉄時代の雰囲気を残す近郊型電車
ベテランたちが最後の活躍を続ける

4章 JR九州の車両のひみつ

大都市圏タイプの415系交直流電車

　415系電車は、国鉄の交直流近郊形電車の標準型として、1971（昭和46）年から導入されました。交直両用の近郊形は、1960〜68（昭和35〜43）年まで、常磐線（交流50Hz）用の401系・403系、九州（交流60Hz）用の421系・423系がつくられましたが、製造コストや車両転属の便を考え、車種の統一が図られました。こうして開発されたのが、直流と**交流**（2万V）**50Hz・60Hz**の3電源に対応する415系です。いずれも、国鉄の電化各線で多く目にした3扉セミクロスシートの電車です（一部はのちにロングシート化）。

　九州用の近郊形電車が交直両用方式でつくられたのは、福岡・北九州都市圏と本州の直流区間との直通運転をするためでした。しかし、その需要はしだいに小さくなり、JRになってからの後継車はすべて交流専用です。415系も老朽化による置き換えが進みましたが、交直両用の性能を活かし、今も関門トンネル区間で活躍しています。

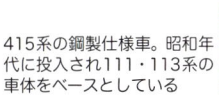

415系の鋼製仕様車。昭和年代に投入され111・113系の車体をベースとしている

ローズピンク塗装

　401系・421系近郊形電車は、国鉄規定の「赤13号」という塗色で登場しました。この色は通称「ローズピンク」と呼ばれ、その後、交直両用の近郊形・急行形電車、交直両用電気機関車の標準色となりました。交流区間は東北・北陸・九州に集中していたことから、この色は直流エリアからの旅行者に旅情を抱かせる効果もあったようです。しかし、国鉄末期になると、その画一性に異議が出て、その後は地域ごとの塗装も行われるようになりました。とはいえ、今は見られないローズピンクは人気があり、特別な機会にはしばしばリバイバル塗装として復活しています。JR九州でも近年まで、415系電車がローズピンク塗色で走っていました。

> **マメ蔵**　**交流50Hz・60Hz**……交流電化区間の周波数は、家庭用の電力と同様に、本州の糸魚川〜静岡を結ぶ線を境として東西に分かれています。すなわち東日本が50Hz、西日本が60Hzで、東海道新幹線は例外として全線60Hzです。

JR四国から加入した
ディーゼル特急車、キハ185系

KYUSHU RAILWAY COMPANY

ドーンデザイン研究所の協力のもと、個性的な特急車両を送り出すJR九州。そんなJR九州の数少ない例外が、汎用特急車のキハ185系です。ただし、この車両はオリジナルではなく、JR四国から購入したものです。

「九州横断特急」に使用されているキハ185系。登場当時はステンレスに緑帯、その後は水色帯だったがJR九州では赤を基調としたカラーリングに変更されている
写真提供…JR九州

柔軟な設計思想の汎用特急車

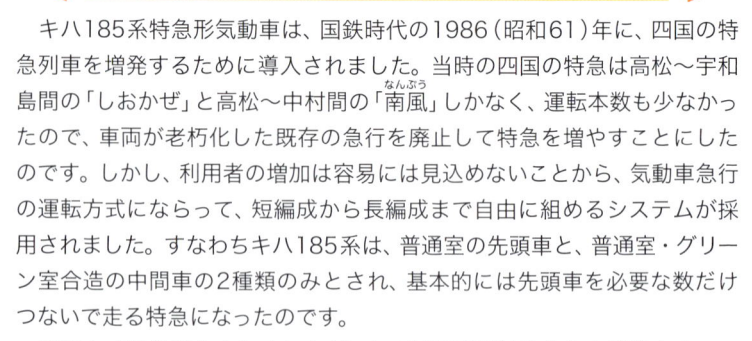

　キハ185系特急形気動車は、国鉄時代の1986（昭和61）年に、四国の特急列車を増発するために導入されました。当時の四国の特急は高松〜宇和島間の「しおかぜ」と高松〜中村間の「南風」しかなく、運転本数も少なかったので、車両が老朽化した既存の急行を廃止して特急を増やすことにしたのです。しかし、利用者の増加は容易には見込めないことから、気動車急行の運転方式にならって、短編成から長編成まで自由に組めるシステムが採用されました。すなわちキハ185系は、普通室の先頭車と、普通室・グリーン室合造の中間車の2種類のみとされ、基本的には先頭車を必要な数だけつないで走る特急になったのです。

　運転方式は単純化されましたが、キハ185系は以前よりも高出力のエンジンを搭載し、ステンレス車体による軽量化もあって、運転性能は向上しました。座席も掛け心地のよいリクライニングシートで、総じて、使い勝手のよい汎用特急車となりました。鉄道友の会からローレル賞を受賞しました。

九州入りして大幅リニューアル
現在も非電化区間のエースとして活躍中

運命のいたずらで九州へ

ところがその後、四国では高速道路の建設が盛んになり、鉄道を脅かし始めました。JR四国はこれに対抗するため、妥協のない高速化を余儀なくされたのです。その結果、幹線の特急列車はことごとく**振り子式車両**に置き換えられ、キハ185系はローカル線へ追いやられてしまいました。

こうして不遇をかこっていた185系に注目したのがJR九州です。九州では久大本線と豊肥本線の急行列車（「由布」「火の山」）が車両更新の時期を迎えていましたが、185系はその置き換え用にちょうどよかったのです。1992（平成4）年に20両がJR九州へ売却され、内外の装いを一新しました。その後いくたびかの変遷を経て、現在は「ゆふ」「九州横断特急」「くまがわ」「A列車で行こう」の各特急に使われています。

運転台後ろの仕切りには大型窓を採用し室内からの眺望性を向上させている

モケットこそ張り替えられたが、国鉄末期の特急形車両の座席の様式を今に伝えている

トイレはバリアフリー対応に改造されている

振り子式車両……JR四国の振り子式車両には、2000系特急形気動車、8000系特急形電車の2種があります。自然振り子式車両の乗り心地を改善した制御付き機構は、JR四国が中心になって開発し、2000系気動車で初めて採用したものです。

国鉄の伝統を今に伝える気動車、キハ40系・キハ66・67形

KYUSHU RAILWAY COMPANY

国鉄の技術陣は絶えず技術革新に取り組み、苦境の中でも意欲的な車両づくりに努めていました。しかし、財政や営業上の事情からアイデアが活かされず、保守的な車両計画に戻ってしまうこともあったようです。

国鉄末期のローカル線の顔、キハ40系

　キハ40系は、国鉄が1977（昭和52）年から数年間に大量生産した一般形気動車です。片開きドア・両運転台のキハ40形・140形と、両開きドア・片運転台のキハ47形・147形などの総称で、暖地向け・寒地向けなどいろいろなバージョン（番台区分）がありました。**10系・20系**などの古い気動車を置き換えるため、全国のローカル線に投入されました。JR九州は、キハ40形36両とキハ47形106両を承継しています。

　前面デザインは1974（昭和49）年登場のキハ66・67形と似ていますが、強力なエンジンと転換式クロスシートを導入した同系に対し、走行性能・車

上：国鉄形気動車の汎用車であるキハ47形
左：両開き扉・片運転台タイプであるキハ47形の車内
中：ホームが低いローカル線区に対応するため、ステップが取り付けられている

九州地方オリジナル形式のキハ66・67形は国鉄受難の時代に製造された画期的な車両

内設備とも、置き換え対象の旧型気動車とほとんど変わっていません。当時の国鉄の停滞を思わせる設計です。

それでも、この車両は多くの人々に親しまれました。国鉄時代は朱色1色に塗られていましたが、JR発足後は各地の標準塗装がシンボリックな姿となっています。JR九州の標準塗色は、おなじみの「白地に青帯」です。

私鉄の水準をめざした気動車、キハ66・67形

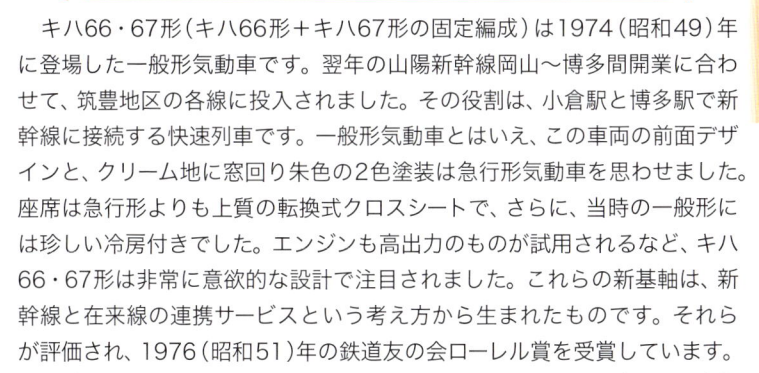

キハ66・67形（キハ66形＋キハ67形の固定編成）は1974（昭和49）年に登場した一般形気動車です。翌年の山陽新幹線岡山～博多間開業に合わせて、筑豊地区の各線に投入されました。その役割は、小倉駅と博多駅で新幹線に接続する快速列車です。一般形気動車とはいえ、この車両の前面デザインと、クリーム地に窓回り朱色の2色塗装は急行形気動車を思わせました。座席は急行形よりも上質の転換式クロスシートで、さらに、当時の一般形には珍しい冷房付きでした。エンジンも高出力のものが試用されるなど、キハ66・67形は非常に意欲的な設計で注目されました。これらの新基軸は、新幹線と在来線の連携サービスという考え方から生まれたものです。それらが評価され、1976（昭和51）年の鉄道友の会ローレル賞を受賞しています。

筑豊地区の輸送事情の変化に伴い、キハ66・67形は2001（平成13）年に長崎地区へ移りました。現在は青い塗装となり、長崎～佐世保間の快速「シーサイドライナー」などに使われています。

左：大村線のキハ66・67形。青色のオリジナル塗色を身にまとう
右：電光化された行き先表示器。かつては鉄製のサボが用いられていた

> **マメ蔵　10系・20系気動車**……1955（昭和30）年前後に登場した一般形気動車です。エンジン出力などに課題を残しながらも、蒸気機関車の廃止を急ぐ国鉄が大量に導入し、結果として、のちに気動車の更新時期を遅らせる一因ともなりました。

※キハ40系はキハ40形、47形、48形などの総称です

低コスト・高サービスをめざした ステンレス気動車、キハ31形

KYUSHU RAILWAY COMPANY

コストを抑えて高サービスの鉄道車両を製造する手法として、廃車車両の機器・台車を新造の車体と組み合わせるやり方があります。キハ31形は、国鉄末期の厳しい財政事情のもと、この方式でつくられました。

▶ 転換式シートで冷房付きの単行用気動車

　キハ31形一般形気動車は、1986（昭和61）年に登場したローカル線用の車両です。低コストで高サービスを提供するため、廃車発生品やバス用の機器を流用しながら、転換式クロスシートと冷房装置を採り入れています。

　この車両は、国鉄の分割民営化の準備が進む中で、民営化後の新会社にとって望ましい車両の一例として、九州向けに開発されました。低出力のエンジンでも勾配線区を無理なく走行できるよう、車体は軽量ステンレス製で、長さも国鉄標準の20mから17m強に短縮されました。再利用した廃車発生品は台車やブレーキ装置などで、側ドアや冷暖房装置にはバス用の機器が使われています。

　一方、車内には新幹線0系から再利用した転換式シートが配置され、窓には布製の横引きカーテンが付きました。座席配置は横2-1列ですが、これは通路を広く取り、朝夕の通勤通学ラッシュ時に収容人数を増やす狙いです。朝夕のラッシュ時には広々としたスペースが威力を発揮します。

国鉄末期に登場したキハ31形は時代の落とし子といえる存在。当時の国鉄がローカル線の輸送改善を目的に設計した意欲的な車両だが、このタイプの車両は増備されることなくガラパゴス化してしまった

国鉄の置き土産的な形式
新幹線の座席を転用したユニーク車両

さらなる車両開発にデータを残す

　このキハ31形は、肥薩線や三角線などに投入され、特急車並みの座席で景色を楽しめる普通列車となっています。けれども、低規格の線路で速度を出すと揺れが大きく、寄せ集めの部材・機器でつくった車両の限界がありました。また、キハ31形のメーカーのひとつ、富士重工業が同じ時期に開発したバス型車体の小型気動車「LEカー」も、製造コストを抑えた分は車体の劣化や乗り心地の悪化など、どこかにしわ寄せが生じがちでした。

　結局、数年にわたる使用実績から、鉄道車両にはある程度の重厚さが必要と考えられて、キハ31形やLEカーのような"超"節約型の気動車はつくられなくなりました。現在のローカル線用気動車は、キハ31形のもうひとつのメーカーだった新潟鐵工所（現・新潟トランシス）の「NDC」というシリーズが主流となっています。

日田彦山線を走行するキハ31形。キハ147形と連結して3両編成で運行されている

ロングシート部分を除き新幹線0系の転換式クロスシートを転用している

ステップ付きの折戸となっており、ステップ部分には注意喚起のため警戒色が入っている

> **マメ蔵**　富士重工業、新潟鐵工所……気動車・客車のかつての国内2大メーカー。富士重工業はローカル線用の気動車として、LEカーより少し大型の「LE-DC」で好評を得ましたが、その後、鉄道部門を新潟トランシスに譲渡しています。

第4章　JR九州の車両のひみつ

レディーメードのキハ125形、大出力の新型車キハ200形・キハ220形

KYUSHU RAILWAY COMPANY

国鉄引き継ぎ車も含め、さまざまな一般形気動車を試作・試用してきたJR九州ですが、最終的にはキハ125形とキハ200形に落ち着いてきました。どちらも外観・車内・性能のバランスが良い、好ましい設計の車両です。

メーカー主導のモデル、キハ125形

九州のローカル線の輸送改善の旗手として登場したキハ125形。現在も多くの線区で活躍する

キハ125形一般形気動車は、新潟鐵工所(現・新潟トランシス)製の軽快気動車「NDC」のJR九州バージョンで、1993(平成5)年に導入されました。NDCは主として第三セクター鉄道向けの商品で、1980年代半ばから製造が続いており、車体のサイズや前面形状・車内設備などにさまざまなバリエーションがあります。バスの設計や部品も採り入れて製造コストを抑えていますが、全体的には鉄道車両らしい安定した乗り心地と、ゆったりした車内空間を確保しているディーゼルカーです。

JR九州での使用目的はローカル線の一般的な普通列車で、老朽化した気動車の置き換え用に25両が製造されました。長さ18m級の普通鋼製車体、両運転台、ワンマン運転用の装備などを持ち、エンジンは330馬力のものを1基装備しています。座席は4人向かい合わせの固定式とロングシートを併用しています。

NDCのオリジナルデザインを採り入れつつ、車体は水戸岡鋭治氏の色設計によって黄色一色に塗装されました。現在、唐津線・筑肥線(非電化区間)・久大本線などで活躍しています。

左:キハ125形の側面には形式名を示すロゴがペイントされている
右:キハ125形の車内

高出力エンジンを搭載 スピードアップによる輸送改善を実現

4章 JR九州の車両のひみつ

JR九州の傑作、キハ200形

キハ200形一般形気動車は、1991（平成3）年から導入されました。非電化ながらも通勤通学や都市間連絡など利用者が多い路線のために開発され、20m級・3扉の大型車体と、高出力のエンジンが特徴となっています。初期車は2両ユニットのキ

JR九州のコーポレートカラーである赤を身にまとうキハ200形

ハ200形、後期車は両運転台型のキハ220形で、ともに転換式クロスシート車とロングシート車の2種類がつくられました。キハ220形には変則的なセミクロスシートの車両もあります。エンジンは450馬力のものが各車に1基装備され、最高速度は110km/hと俊足を誇ります。

クロスシート車は筑豊地区で「赤い快速」としてデビューし、同地区の電化後は鹿児島中央〜指宿間の快速「**なのはな**」、長崎〜佐世保間の快速「**シーサイドライナー**」、また久大本線、豊肥本線、鹿児島本線などでも運行しています。「赤い快速」のデビューは鮮烈で、気動車なのに電車顔負けのスピードと設備、しかも特別料金不要というサービスが人々を魅了しました。さらに、1997（平成9）年には後継形式のキハ220形も投入されています。

（キハ125形・キハ200形・キハ220形ともデザイン担当：ドーンデザイン研究所）

左：指宿枕崎線のキハ200形。菜の花をイメージした黄色い塗色が特徴
右：キハ200形の室内。転換式クロスシートが採用されている

> **マメ蔵**
> **なのはな、シーサイドライナー**……いずれも都市間連絡・通勤通学・観光の輸送需要に恵まれている列車です。ほかの地域にはあまり見られない営業環境が、優れた輸送サービスを育てているようです。

九州島内で活躍する国鉄形機関車、DE10形

KYUSHU RAILWAY COMPANY

動力分散式車両（電車・気動車）が主導する日本の旅客鉄道では、機関車は無用の存在になりつつあります。JR九州は、わずかに残っていた客車列車のために機関車を保有していましたが、それも先年不要となりました。

◀ DE10形ディーゼル機関車 ▶

　DE10形ディーゼル機関車はローカル線の汎用機として開発され、1966（昭和41）年にデビューしました。エンジンの重量を適度に分散して線路に伝えるため、動輪5軸という珍しいスタイルを採用しています。これとの関連で、凸形車体の運転台を少し片側へ寄せたセミセンターキャブになりました。

　JR九州のDE10形は現在、試運転列車や非営業列車などに従事しています。1987（昭和62）年から1994（平成6）年にかけては、博多〜熊本間の電車特急「有明」の豊肥本線水前寺駅乗り入れに使われました。この列車を牽引・推進したDE10形は、「有明」の485系電車と同様の赤とクリームや、783系電車に合わせたグレーと赤帯に塗り分けられ、一体感のある塗装で人々を楽しませました。現在は、黒く塗ったものもあります。

DE10形は豊肥本線でハイパーサルーンを牽引していたこともある。電車をディーゼル機関車牽引で非電化区間に乗り入れさせるユニークな試みだった　写真提供：JR九州

独自の発展を遂げた九州の機関車
客車列車の廃止で風前のともしびに

4章 JR九州の車両のひみつ

ED76形交流電気機関車

ED76形電気機関車は、交流60Hz電化の九州で使用するために開発された機関車で、1965(昭和40)年に登場しました。九州ではすでにED72形・ED73形という水銀整流器使用の機関車が使われていましたが、ED76形はこれをシリコン整流器に変え、最終的な量産機としたものです。外観上の特徴としては、動輪4軸のD型機でありながら、無動力の2軸台車を中央部に設けて軸重の分散を図っているのがユニークでした。これは暖房用の蒸気発生器(SG)搭載による重量増への対策です。

ローズピンクの機関車がブルートレインを引く姿は人気でしたが、2009(平成21)年に九州最後の寝台特急「富士」「はやぶさ」が廃止となり、JR九州のED76形は定期運用を失い、廃車されました。JR貨物では現役です。

九州地区オリジナルの電気機関車として鉄道ファンに人気のED76形。写真はJR貨物が所有するタイプ

EF81形交直両用電気機関車

EF81形電気機関車は、もとは日本海縦貫線(大阪〜青森)の3種類の電化区間(直流1,500Vおよび交流2万Vの50Hz・60Hz)を直通するため、1968(昭和43)年に登場した交直両用機関車です。JR九州の路線も関門トンネルで本州側の直流路線と結ばれているので、同社のEF81形は本州と九州を直通する寝台特急の牽引に使われました。最後に残った「富士」「はやぶさ」の終焉とともに、この機関車も役目を終えましたが、JR貨物所有機は今も見ることができます。

現在も九州で活躍を続けるEF81形。近年までJR九州所属機もあった 写真提供:松尾諭

> **マメ蔵** 凸形車体……2つの運転台を車体中央で背中合わせに配置し、方向転換の操作がすばやくできるようにした車体を、側方からのシルエットにちなんで凸形車体と呼んでいます。入れ換え用機関車に多い方式です。

147

5章
JR九州の歴史

写真提供：JR九州

写真提供：鉄道博物館

　JR九州のルーツは、1889（明治22）年に博多と久留米を結んだ九州最初の鉄道会社である"九州鉄道"という私鉄からスタートしました。その後、1906（明治39）年に成立した鉄道国有法によって国鉄の管理下に置かれ、長い国鉄時代を経て、今に至っています。この章では、最初の私鉄時代から国鉄時代、さらにJR九州設立から現在に至るまでの変遷を、さまざまな知られざるエピソードも交えてたどっていきます。

博多〜千歳川仮停車場間開業で始まった九州の鉄道史

KYUSHU RAILWAY COMPANY

九州の鉄道は当初私鉄でスタートし、現在の鹿児島本線の一部から敷設されました。日本最初の鉄道開業からかなり遅れての着工でしたが、工事は急ピッチで進み、営業距離が逐次拡大されていきます。

初代博多駅。現在では考えられないほどのんびりした風景が広がっている 写真提供：JR九州

「九州鉄道」が博多〜千歳川間を開業

　1889（明治22）年12月11日、九州で最初の鉄道が開業しました。区間は博多駅を起点に南下し、久留米の手前の千歳川という仮停車場までです。最初がこの区間となるのには、紆余曲折がありました。1872（明治5）年に新橋〜横浜間で日本初の鉄道が開業してからやや遅れ、"九州にも鉄道を"という動きが出て、私設鉄道会社「九州鉄道」が設立されました。1888（明治21）年に、門司〜八代間をはじめ、長崎・佐世保および行橋へのルートの認可を取得します。

　当初は、このうち門司〜熊本間を6つの区間に分け、そのうち4工区を同時に着工する計画でしたが、資金の問題から博多〜久留米間が先行することになりました。人口が多い地域で、険しい地形の箇所もないということなどが、先行した理由です。しかし、集中豪雨による千歳川（現・筑後川）の氾濫のためにその橋梁工事が遅れ、やむをえず、川の北岸に設けた仮停車場、千歳川までの開業となったのでした。これが九州の鉄道のルーツとなります。

九州に鉄道時代を告げた九州鉄道
博多～久留米間は九州の鉄道のルーツ

第5章 JR九州の歴史

九州鉄道の客車の車内。現在でいうところのロングシート車だが、デッキと室内は区分されている。当時の客車は多くの部分が木造であった。写真提供：鉄道博物館

段階的に続く路線の延伸

　開業当初、博多～千歳川間の列車運行は1日わずか3往復で、片道の所要時間は1時間23分でした。もちろん、列車は蒸気機関車の牽引です。現在の同じ区間からは全く想像できない、のどかなものですが、九州初の鉄道の開業はたいへん画期的なできごとでした。

　そして翌年3月には、懸案であった久留米までの区間が開業し、博多との都市間連絡鉄道ができあがりました。同時に千歳川の仮停車場は廃止。3カ月だけの駅となってしまったのですが、千歳川仮停車場は久留米駅からわずか900mの位置にあり、廃止もやむをえないところです。それからも博多側と久留米側それぞれで路線の延伸が進み、1891（明治24）年7月には門司（現・門司港）～熊本間が開通します。九州の鉄道というと、0キロポストがある門司港から歴史が始まったようにイメージしがちですが、実は博多と久留米の間が発祥の地なのです。久留米は当時から九州で重要な地位を占めていたことがわかります。

> **博多駅**……九州鉄道当時の博多駅は、現在の駅から北西約650mの場所にありました。現在地への移転は1963（昭和38）年で、同時に巨大な駅ビルもオープン。その後新幹線や地下鉄が乗り入れました。2011（平成23）年に開業した駅ビルは4代目の博多駅です。

ドイツの技術を導入して建設された九州鉄道

KYUSHU RAILWAY COMPANY

現在は世界トップクラスの高い技術を持つ日本の鉄道ですが、その黎明期には、あらゆる技術を欧米に頼っていました。九州鉄道の場合、当初技術を持ち込んだのはドイツの鉄道技師でした。

松橋〜八代間開通記念式とクラウス製Bタンク機関車　写真提供：鉄道博物館

◀ ドイツから招いた技術顧問 ▶

　日本最初の鉄道が新橋〜横浜間に開業した際、イギリスの技術が導入されたことはよく知られています。その後、北海道ではアメリカの技術が採用されました。では、九州に鉄道技術を持ち込んだのはどこの国だったのでしょうか。その答えはドイツです。九州鉄道は機関車や客貨車、そしてレールなどをドイツから輸入し、技術者も招聘しました。また、九州鉄道設立時には、ドイツ人の**ヘルマン・ルムシュッテル**が顧問となっています。

　ここで、九州鉄道が初期に輸入した蒸気機関車のラインナップを見てみましょう。まず、九州鉄道最初の区間が開業する1889（明治22）年から翌年にかけ、第1陣となる蒸気機関車が10両輸入されます。その内訳は、ホーエンツォレルン社製の1〜3号機と、クラウス社製の4〜10号機でした。2社ともドイツのメーカーです。クラウス社の機関車は、追ってやや大型のも

ドイツの技術でスタートした九州鉄道
後に英米型も導入され多彩なラインナップに

のが8両輸入されました。なお、クラウス社は当時の有力蒸気機関車メーカーで、その後も長きにわたり日本国内の鉄道への導入実績があります。

主力はドイツ製からアメリカ製へ

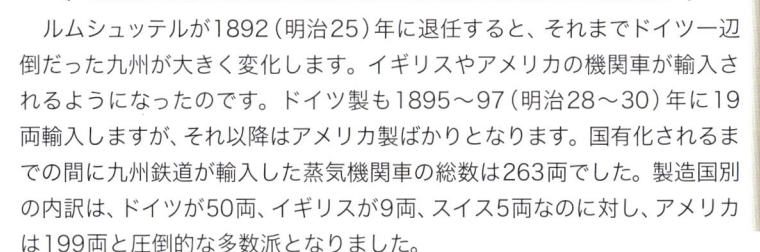

ルムシュッテルが1892(明治25)年に退任すると、それまでドイツ一辺倒だった九州が大きく変化します。イギリスやアメリカの機関車が輸入されるようになったのです。ドイツ製も1895～97(明治28～30)年に19両輸入しますが、それ以降はアメリカ製ばかりとなります。国有化されるまでの間に九州鉄道が輸入した蒸気機関車の総数は263両でした。製造国別の内訳は、ドイツが50両、イギリスが9両、スイス5両なのに対し、アメリカは199両と圧倒的な多数派となりました。

また、九州鉄道は筑豊鉄道、豊州鉄道、唐津鉄道、伊万里鉄道を吸収合併します。これら4社から承継した蒸気機関車は合計57両で、そのうちアメリカ製が50両を占めます。ドイツの技術でスタートした九州の鉄道において、のちにアメリカの機関車が主流になったのは、なかなか面白いところです。その理由は定かではありませんが、単に性能だけでなく、価格や輸入商社の力など、さまざまな事情が背景にあったとされています。

九州の鉄道黎明期に大きな役割を果たしたドイツ人顧問、ヘルマン・ルムシュッテル 写真提供:鉄道博物館

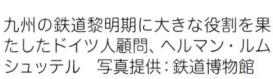

ヘルマン・ルムシュッテル……ドイツ人の技術者で、九州における鉄道開業に多大な貢献をしました。その業績をたたえ、1960(昭和35)年に製作された肖像のレリーフが、JR博多シティ屋上の「つばめの杜〈もり〉ひろば」にあります。

鉄道国有法により九州鉄道から国鉄へ
KYUSHU RAILWAY COMPANY

日本の鉄道の主要路線が国有でまとめられたのは、明治時代末期のことでした。1987(昭和62)年まで続く国有鉄道の始まりとなりますが、それ以前に九州内では、私設鉄道同士の合併による統合が進みました。

複数の鉄道を吸収合併して一大私鉄に

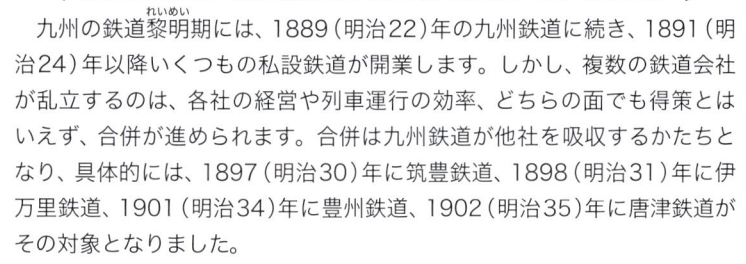

　九州の鉄道黎明期には、1889(明治22)年の九州鉄道に続き、1891(明治24)年以降いくつもの私設鉄道が開業します。しかし、複数の鉄道会社が乱立するのは、各社の経営や列車運行の効率、どちらの面でも得策とはいえず、合併が進められます。合併は九州鉄道が他社を吸収するかたちとなり、具体的には、1897(明治30)年に筑豊鉄道、1898(明治31)年に伊万里鉄道、1901(明治34)年に豊州鉄道、1902(明治35)年に唐津鉄道がその対象となりました。

　当時は東北地方の日本鉄道、山陽地方の山陽鉄道などの私設鉄道が各地にあり、国有の路線は東海道や北海道などに限られていました。経営や列車運行の面で鉄道会社をひとつにまとめたほうがいいのは、日本全国のスケールで見ても同様です。1904(明治37)年に日露戦争が始まってからは、軍事輸送の面からも鉄道の全国統合が強く求められました。そのような背景のもと、1906(明治39)年に帝国議会で鉄道国有法が成立します。

明治末期の筑豊地区。石炭産業は九州の産業発展の牽引役として機能、石炭は黒いダイヤと呼ばれていた　写真提供…鉄道博物館

国有化により新たな発展段階に!
ネットワークに組み込まれた九州の鉄道

大正時代の熊本駅。国有化により九州の鉄道は新たな発展段階に入った。左側に見える機関庫の位置が現在の新幹線ホーム。写真提供：鉄道博物館

九州鉄道の国有化

　そして、翌年には全国にあった17の私設鉄道が国有鉄道に統合され、帝国鉄道庁の管轄下となります。九州鉄道は解散し、門司に九州帝国鉄道管理局が誕生しました。1908（明治41）年には組織が改められて、帝国鉄道庁は鉄道院になります。

　九州鉄道による九州内の私鉄の吸収合併は、全国規模の鉄道統合を先取りしたかたちだったというわけです。筑豊の石炭や北九州の重工業などでもともと貨物輸送量が多く、さらに日露戦争による需要増大により、良好な経営状況のまま国有鉄道に承継されます。ちなみに、国有化直前の九州鉄道において、旅客と貨物を合わせた全収入の半分近くが石炭輸送によるものでした。現在からは全く想像できませんが、当時はそれほど石炭が重要だったのです。九州の鉄道の基礎を築いた九州鉄道はなくなったのですが、その本社だった建物は現存し、「九州鉄道記念館」の本館となっています。また、この記念館には九州鉄道の客車も展示されています。いずれも九州の鉄道を語るうえで欠かせない鉄道遺産です。

> **マメ蔵**　幻の豪華列車計画……九州鉄道は豪華列車を運行すべく、特別な客車をアメリカのメーカーに発注しました。しかし日本に届いたのは1908（明治41）年で、国鉄は、九州鉄道の意図がつかめずこれらの車両を事業用車両として各鉄道局に分配配置してしまいました。

5章 JR九州の歴史

関門トンネル開業で本州と陸続きに

KYUSHU RAILWAY COMPANY

本州と九州の鉄道は、在来線においては関門トンネル、新幹線では新関門トンネルにより直結しています。それが当たり前になって久しいのですが、昭和初期までは船舶を利用しなければなりませんでした。

開業から間もない関門航路。車両の航送も行われていた　写真提供：鉄道博物館

連絡船で結んだ本州と九州

　九州と関門海峡をはさんで対岸の本州との間に、かつて鉄道はなく、旅客も貨物も船舶で運ばなければなりませんでした。本州と九州の鉄道を結ぶ役割を持つ連絡船がスタートしたのは、1898（明治31）年のことです。当時本州側の鉄道はまだ下関に到達しておらず、その連絡船は徳山〜赤間関（現・下関）〜門司（現・門司港）というルートでした。そして1901（明治34）年、赤間関までの鉄道が開業し、連絡船は関門間（当時の駅名では馬関（ばかん）〜門司間）となりました。この時点で連絡船は**山陽鉄道**が経営していましたが、鉄道と同時に国有化されます。

　1911（明治44）年には、連絡船とは別に民間で貨車を船に積む輸送が始まり、日本初の貨車航送となりました。1913（大正2）年にはこれが国鉄に移管され、船の大型化も進むのですが、山陽本線および鹿児島本線と比べて関門間だけ輸送力が小さいという状態は、根本的には改善されません。

海底トンネル開業で本州と一体化
特急「富士」の長崎延伸で東京と直結

関門トンネルの建設現場。シールド工法が採用されていた　写真提供：鉄道博物館

直流電化で開業した海底トンネル

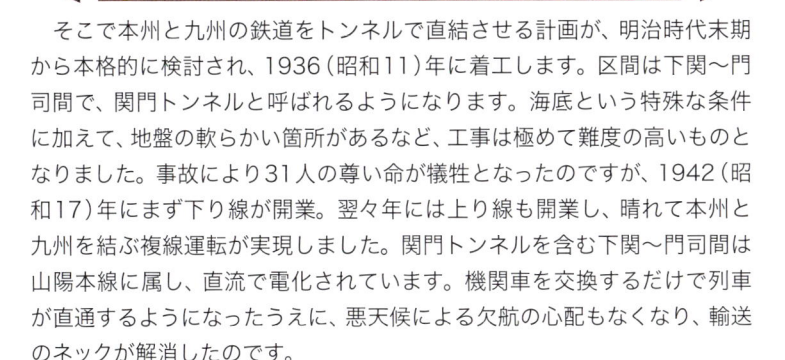

そこで本州と九州の鉄道をトンネルで直結させる計画が、明治時代末期から本格的に検討され、1936（昭和11）年に着工します。区間は下関～門司間で、関門トンネルと呼ばれるようになります。海底という特殊な条件に加えて、地盤の軟らかい箇所があるなど、工事は極めて難度の高いものとなりました。事故により31人の尊い命が犠牲となったのですが、1942（昭和17）年にまず下り線が開業。翌々年には上り線も開業し、晴れて本州と九州を結ぶ複線運転が実現しました。関門トンネルを含む下関～門司間は山陽本線に属し、直流で電化されています。機関車を交換するだけで列車が直通するようになったうえに、悪天候による欠航の心配もなくなり、輸送のネックが解消したのです。

さまざまな列車が関門トンネルを通るようになるのですが、その中には特急「富士」もありました。従来は東京～下関間で運転していたものを、長崎まで延長したのです。これが九州における史上初の特急となり、それまでの連絡船を介した九州内の急行との乗り継ぎに比べ、所要時間が1時間も短縮されました。

> **マメ蔵　山陽鉄道**……国鉄山陽本線の前身となった私鉄。最初は1888（明治21）年に兵庫～明石間が開業し、1901（明治34）年には神戸～馬関（現・下関）間が全通しました。国有化直前の時期には小規模な私鉄2社を吸収合併しています。

準急・急行を増発、九州内ネットワークが拡充

KYUSHU RAILWAY COMPANY

明治時代の開業以来発展を続けた九州の鉄道は、第二次世界大戦での敗戦により、いったんリセット同然となりました。しかし、戦後の復興は目覚ましく、新しい車両も導入のうえサービス向上が進んでいきます。

キハ55形気動車の導入により九州の急行ネットワークは一気に拡大した　写真提供：鉄道博物館

戦後の復興と優等列車の運転再開

　第二次大戦中、九州内の国鉄路線の優等列車は全廃されました。車両も設備も戦災で甚大な被害を受けた中、終戦後は鉄道が復興の立役者となっていきます。優等列車の動向を見ると、まず終戦間もない1945（昭和20）年11月に東京〜博多間の急行（当時は愛称なし）が復活し、翌年6月には門司港〜鹿児島間で戦後初となる九州内の急行が運転を開始しました。

　その後も徐々に列車のラインナップが充実し、1950（昭和25）年10月には大がかりなダイヤ改正を実施。東京と九州を結ぶ急行が4往復（それぞれの行き先は博多、熊本、鹿児島、長崎で、のちに「筑紫」「阿蘇」「きりしま」「雲仙」と命名）となり、ほかにも準急が登場します。そして、1953（昭和28）年3月には京都〜博多間で特急「かもめ」が運転を開始。九州に特急が走るのは、戦時中に「富士」が運転を打ち切って以来のことでした。

ディーゼルカーの普及でサービスが向上
ユニークな運転区間の列車も登場

5章 JR九州の歴史

昭和30年代末の博多駅。現在は駅周辺には高層建築が建ち並んでいるが、当時は道路の広さだけが目立つがらんとした空間が広がっていた。山陽・九州新幹線はまだ影も形もない。左下に伸びる道路は現在の大博通り　写真提供：JR九州

気動車の導入による近代化

　今ではJRの多くの路線を特急が走っていますが、かつての特急は文字どおり特別な存在で運転本数も少なく、庶民は急行以下の列車を利用したものです。九州の路線は本州に比べ電化が遅く、山越えの区間も多いので、蒸気機関車が牽引する列車ではサービス向上がなかなか進みません。そこで切り札となったのが気動車(ディーゼルカー)です。1953(昭和28)年5月には、鹿児島本線の門司港〜博多〜久留米の範囲で、気動車による快速がデビューし、乗客が煤煙から解放されるとともに、大幅なスピードアップが実現します。以後、気動車は特急、急行、準急、普通と、あらゆる列車に普及していきます。

　その中で特筆すべき存在となったのは、1958(昭和33)年4月に博多〜小倉〜別府というコース(5月に博多〜小倉〜大分〜熊本に延長)で運転を開始した、気動車**準急「ひかり」**。全区間の所要時間が6時間を切るという、当時としては画期的なものとなりました。その後、気動車による数々の準急が登場し、さらに急行や特急にも波及していくのでした。なお、「ひかり」は、東海道新幹線開業時にそのの名を同線の超特急に譲っています。

> マメ蔵　**準急「ひかり」**……「ひかり」の愛称は公募で決められました。その後、運転区間の延長や急行への格上げが行われますが、1964(昭和39)年には愛称を東海道新幹線に譲り、自らは「にちりん」および「くさせんり」と改称しました。

交流電化による電気運転の開始

KYUSHU RAILWAY COMPANY

現在のJR九州では在来線の幹線の大部分は電化され、カラフルな電車が行き交っています。今ではそれが当たり前ですが、半世紀と少し前まで、九州内の国鉄は全線が非電化でした。

昭和30年代の八幡地区。当初は交直流形電車が多かった　写真提供：鉄道博物館

蒸気機関車が牽引したブルートレイン

　1956（昭和31）年11月、東京〜博多間の夜行特急「あさかぜ」が運転を開始しました。これが戦後初の東京〜九州間直通特急で、1958（昭和33）年10月には、「動くホテル」と呼ばれた最新鋭客車20系が導入されます。ここからブルートレインの歴史が始まったのですが、当時まだ九州内の国鉄は全線が非電化でした。「あさかぜ」も門司〜博多間はC59形蒸気機関車が牽引しています。日本はそんな時代だったのです。

　しかし、高度経済成長とともに鉄道の近代化は加速し、九州の路線も電化されることになります。最初の電化区間に決まったのは、鹿児島本線門司港〜久留米間です。

　関門トンネルは直流で電化されていましたが、九州内は地上設備のコス

160

ブルートレイン登場で変わる鉄道地図
電化区間延伸で進む高速化

トの面で有利な交流電化を採用。下関〜門司間では、門司側でトンネルから出た所で直流と交流を切り替えることとなりました。

九州各地に広がった交流電化

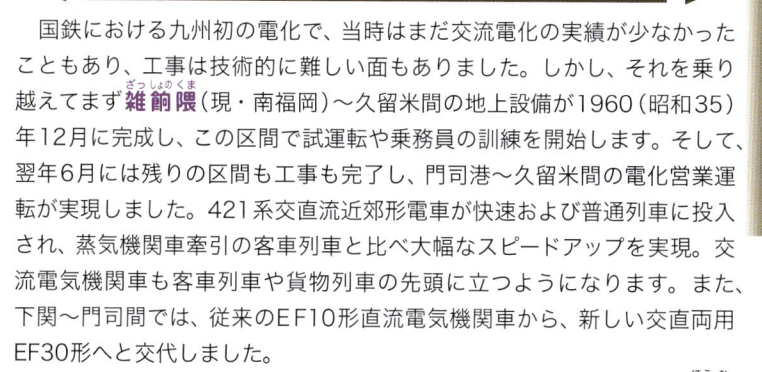

　国鉄における九州初の電化で、当時はまだ交流電化の実績が少なかったこともあり、工事は技術的に難しい面もありました。しかし、それを乗り越えてまず雑餉隈（ざっしょのくま）（現・南福岡）〜久留米間の地上設備が1960（昭和35）年12月に完成し、この区間で試運転や乗務員の訓練を開始します。そして、翌年6月には残りの区間も工事も完了し、門司港〜久留米間の電化営業運転が実現しました。421系交直流近郊形電車が快速および普通列車に投入され、蒸気機関車牽引の客車列車と比べ大幅なスピードアップを実現。交流電気機関車も客車列車や貨物列車の先頭に立つようになります。また、下関〜門司間では、従来のEF10形直流電気機関車から、新しい交直両用EF30形へと交代しました。

　その後、鹿児島本線の久留米以南、日豊本線、長崎本線、佐世保線、豊肥（ほうひ）本線の一部が電化されていくのですが、いずれも交流電化が採用されました。下関〜門司間と、福岡市営地下鉄との直通運転を行う筑肥（ちくひ）線だけが直流電化です。

関門航路廃止により九州から鉄道連絡船が消滅

　本州と九州の鉄道を結ぶ重責を担った関門連絡船は、最盛期には1日50往復以上を運航していました。関門トンネルの開業により本来の役割は終えたのですが、減便のうえ存続します。
　1958（昭和33）年に関門国道トンネルが完成すると、連絡船の利用者減少に拍車がかかります。船を小型化しますが、経営悪化は避けられず、1964（昭和39）年10月をもって廃止となりました。年間の乗船客数は、全盛期の1941（昭和16）年度に880万人もあったのに対し、末期の1963年度はわずか40万人でした。最終日となった10月31日には、門司港発下関行きの最終便が、「蛍の光」の流れる中で出航し、集まった人たちに見送られました。

世界初の本格的電車寝台列車として1967年に登場した「月光」
写真提供：RGG

マメ蔵　雑餉隈……福岡市博多区と大野城市にまたがる地域名でしたが、現在は地名からは消滅しています。西鉄には現在も雑餉隈駅がありますが、難読駅名として知られています。近年はソフトバンクの創業の地としても知られています。

新幹線博多開業で
東京〜博多間が6時間56分に
KYUSHU RAILWAY COMPANY

新青森から鹿児島中央まで、本州・九州の広い範囲に路線網を持つ現在の新幹線。九州に初上陸したのは、「夢の超特急」と呼ばれた東海道新幹線の開業から10年あまりを経た、1975（昭和50）年のことでした。

山陽新幹線博多開業式典。博多〜東京間が日帰り可能となったインパクトは大きかった　写真提供：RGG

◀ トンネルだらけの新幹線 ▶

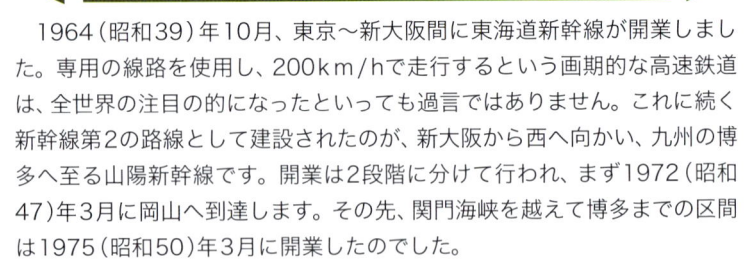

　1964（昭和39）年10月、東京〜新大阪間に東海道新幹線が開業しました。専用の線路を使用し、200km/hで走行するという画期的な高速鉄道は、全世界の注目の的になったといっても過言ではありません。これに続く新幹線第2の路線として建設されたのが、新大阪から西へ向かい、九州の博多へ至る山陽新幹線です。開業は2段階に分けて行われ、まず1972（昭和47）年3月に岡山へ到達します。その先、関門海峡を越えて博多までの区間は1975（昭和50）年3月に開業したのでした。

　山陽新幹線が通るルートの地形は、東海道新幹線と比べ全般に山がちの区間が多く、トンネルが多いのが特徴です。岡山〜博多間では、全体の半分以上にあたる約220kmがトンネルになっています。本州と九州の間は在来線の関門トンネルとは別に、全長18.7km（当時日本の鉄道で最長）の新関門トンネルを建設しました。その先の九州内の区間にも、全長11.7km

「ひかりは西へ」のキャッチフレーズが話題に
九州に到来した高速大量輸送時代

山陽新幹線の博多開業と同時に個性的な列車が数多く廃止されている。写真の急行「高千穂」(右)もその一つで、東京～西鹿児島(現・鹿児島中央)を日豊本線経由で約30時間かけて走破する列車だったが、時代の波にのみ込まれてしまった 写真提供…RGG

の北九州トンネルなど、10のトンネルがあります。また、九州内のルート上には炭鉱の廃坑跡など地盤の弱い箇所が多く、トンネルのない区間でも工事は難度の高いものとなりました。

新しい時代を迎えた九州の国鉄

　九州に上陸を果たし博多まで開通した山陽新幹線は、東海道新幹線との直通運転も行い、当初は「ひかり」が東京～博多間を6時間56分で結びました。所要7時間を切ることにより、鉄道による日帰りという、夢のようなことが実現可能となったのです。当初は炭鉱の廃坑跡の区間で速度制限を設けていましたが、地盤が安定したことから1980(昭和55)年10月には制限を解除します。その結果、東京～博多間の「ひかり」の所要時間は6時間40分に短縮されました。

　新幹線が博多に到達した1975(昭和50)年は、九州の国鉄における**蒸気機関車**の最後の年でもありました。まさに新しい時代への転換期だったのです。その直前の1974(昭和49)年12月には、国鉄門司鉄道管理局において蒸気機関車100周年記念号が、開業を目前にした山陽新幹線の試運転列車と交差するという演出も行われました。新幹線の開業により、福岡市は九州の拠点都市としての地位をますます確かなものとしていったのです。

> **マメ蔵** **蒸気機関車**……門司鉄道管理局内の蒸気機関車は1974(昭和49)年12月に引退しましたが、九州の国鉄から蒸気機関車が全廃されたのは翌年3月でした。日豊本線鹿児島～宮崎間でC55形とC57形の重連による記念列車が走り、有終の美を飾りました。

5章 JR九州の歴史

大増発によって
特急の30分間隔運転を実現

KYUSHU RAILWAY COMPANY

九州の鉄道の基幹ラインは、南北を西回りおよび東回りで結ぶ、鹿児島本線と日豊本線です。山陽新幹線が博多へ乗り入れて以後も、九州内の輸送は在来線が主役の時代が長く続き、特急列車が大増発されます。

九州の鉄道輸送の屋台骨を背負った特急「有明」。関西〜九州間の列車の間合い運用として583系が使用された列車もあった　写真提供：RGG

鹿児島本線の花形特急「有明」

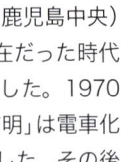

　1967（昭和42）年10月、鹿児島本線門司港〜西鹿児島（現・鹿児島中央）間に特急「有明」が運転を開始しました。まだ特急が特別な存在だった時代のことで、この列車はキハ82系気動車による1往復の運転でした。1970（昭和45）年10月に鹿児島本線全線の電化が達成されると、「有明」は電車化され、博多〜西鹿児島間の1往復を加えた2往復体制となりました。その後も1972（昭和47）年にもう1往復が加わるのですが、新幹線博多開業にともなう1975（昭和50）年3月のダイヤ改正では、大きく体制が変わります。

　新幹線との接続を重視したダイヤ設定となり、運転本数は一気に10往復（門司港・小倉・博多を起点に、鹿児島まで9往復、熊本まで1往復）へと増強されたのです。その後も増発は続き、国鉄分割民営化を目前にした1986（昭和61）年11月のダイヤ改正では、門司港・博多〜熊本・西鹿児島間で全25往復、昼間は30分間隔という高頻度の運転を実現しました。JR九州移

エル特急全盛期を迎え「有明」「にちりん」が大増発 フリークエンシーサービスを実現

行後も本数が増えるとともに、新型車両783系ハイパーサルーンの導入、速達タイプの「スーパー有明」の運行、豊肥本線水前寺までの直通運転（ディーゼル機関車による牽引・推進）などの話題が続きます。

肥薩線・吉都線経由博多〜宮崎間を結んだキハ80系特急「おおよど」は、「にちりん」の間合い運用だったが日豊本線全線電化により廃止となった　写真提供：RGG

本数増加に伴い、編成は短縮

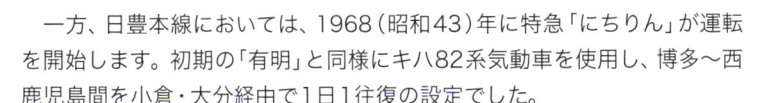

一方、日豊本線においては、1968（昭和43）年に特急「にちりん」が運転を開始します。初期の「有明」と同様にキハ82系気動車を使用し、博多〜西鹿児島間を小倉・大分経由で1日1往復の設定でした。

この列車も電車化や本数増強が進むとともに、博多〜大分間、博多〜宮崎間といった区間の運転も加わっていきます。民営化初となる1988（昭和63）年3月のダイヤ改正では「有明」は博多〜熊本28往復、うち12往復が博多〜西鹿児島という体制になり、博多〜大分間での30分間隔運転も実現しました。こうして国鉄分割民営化と前後し、鹿児島本線と日豊本線で特急の30分間隔運転の体制が確立されました。本数が増えた一方、かつて連結されていた食堂車は廃止され、編成も短いものが主体となるなど、特急の性格も時代とともに大きく変化しています。

> **キハ82系**……1960（昭和35）年、国鉄初の特急形気動車キハ81系が上野〜青森間「はつかり」に投入されました。翌年デビューした改良型がキハ82系で、先頭車がボンネット形から貫通式となったのが特徴。四国以外の各地に普及しました。

5章　JR九州の歴史

国鉄再建法に基づき多数のローカル線を廃止

KYUSHU RAILWAY COMPANY

わが国では明治以来、国有鉄道が路線網を形成してきたのですが、やがて経営が悪化していきます。その状況を改善すべく、国鉄末期からJR移行直後にかけて、採算の悪い赤字ローカル線の数々が廃止されました。

赤字を生む地方路線の廃止

1980(昭和55)年、国鉄再建法が成立しました。経営が悪化していた国鉄の立て直しを目的とする法律で、主眼は、営業成績の悪いローカル線を廃止することです。原則として輸送密度(1日1kmあたりの輸送人員)が4,000人に満たない路線を「特定地方交通線」と定義し(各種事情を考慮した例外あり)、廃止することになりました。特定地方交通線は、さらに輸送規模が小さいほうから順に第1次~第3次廃止対象の3つのグループに分類され、1983(昭和58)年10月の白糠線(第1次廃止対象、北海道)を皮切りに、順次廃止されていきます。廃止後は大部分がバス転換となりますが、第三セクターの鉄道会社へ移管されたケースもあります。ちなみに、対象路線数は第1次が40、第2次が31、第3次が12です。これだけの路線が、廃止か第三セクター転換を迫られたのです。

筑豊地区のローカル線群は激減

輸送規模の小さい路線は地方に多く、九州の特定地方交通線は、第1次が9路線、第2次が9路線、第3次が5路線と、合計23路線ありました。九州において特徴的だったのは、筑豊地区の石炭輸送のために敷設された路線が多数含まれていたことです。具体的には糸田、香月、勝田、上山田、添田、田川、宮田、室木の8路線がこれに該当します。石炭産業とともに鉄道も衰退

1980年代に入ると、赤字ローカル線の廃止が相次いだ。写真の宮原線は1984年に廃止されている写真提供：RGG

国鉄再建を目的としたローカル線廃止
九州北部では炭鉱路線の多くが廃止に

5章 JR九州の歴史

したというわけです。筑豊地区には網の目のように複雑な路線網があったものが、大幅に整理されることになりました。

九州における特定地方交通線の廃止は、1984（昭和59）年12月の宮原線と妻線（ともに第1次）で始まり、1989（平成元）年12月の宮田線（第3次）で完了します。23路線のうち、第三セクター化のうえ鉄道が存続したのは甘木線（甘木鉄道）、高千穂線（高千穂鉄道）、高森線（南阿蘇鉄道）、松浦線（松浦鉄道）、伊田線、糸田線、田川線（3線とも平成筑豊鉄道）、湯前線（くま川鉄道）の8路線で、残りはバスに転換されました。このうち高千穂鉄道は2005（平成17）年9月の台風水害で運転休止となり、そのまま復旧されることなく、惜しまれつつ廃止となっています。

九州島内の赤字ローカル線（特定地方交通線）の改廃状況　※ 調査年度：1981年

路線名	区間	距離	輸送密度 ※1	廃止年月日	備考（転換）
宮原線	恵良〜肥後小国	26.6km	164人/日	1984年12月1日	バス
妻線	佐土原〜杉安	19.3km	1,217人/日	1984年12月1日	バス
香月線	中間〜香月	3.5km	1,293人/日	1985年4月1日	バス
添田線	香春〜添田	12.1km	212人/日	1985年4月1日	バス
室木線	遠賀川〜室木	11.2km	607人/日	1985年4月1日	バス
勝田線	吉塚〜筑前勝田	13.8km	840人/日	1985年4月1日	バス
矢部線	羽犬塚〜黒木	19.7km	1,157人/日	1985年4月1日	バス
高森線	立野〜高森	17.7km	1,093人/日	1986年4月1日	南阿蘇鉄道高森線
甘木線	基山〜甘木	14.0km	653人/日	1986年4月1日	甘木鉄道甘木線
漆生線	下鴨生〜下山田	7.9km	492人/日	1986年4月1日	バス
宮之城線	川内〜薩摩大口	66.1km	843人/日	1987年1月10日	バス
大隅線	志布志〜国分	98.3km	1,108人/日	1987年3月14日	バス
志布志線	西都城〜志布志	38.6km	1,616人/日	1987年3月28日	バス
佐賀線	佐賀〜瀬高	24.1km	1,796人/日	1987年3月28日	バス
山野線	水俣〜栗野	55.7km	994人/日	1988年2月1日	バス
松浦線	有田〜佐世保	93.9km	1,741人/日	1988年4月1日	松浦鉄道西九州線
上山田線	飯塚〜豊前川崎	25.9km	1,056人/日	1988年9月1日	バス
高千穂線	延岡〜高千穂	50.1km	1,350人/日	1989年4月28日	高千穂鉄道高千穂線
伊田線	直方〜田川伊田	16.2km	2,871人/日	1989年10月1日	平成筑豊鉄道伊田線
糸田線	金田〜田川後藤寺	6.9km	1,488人/日	1989年10月1日	平成筑豊鉄道糸田線
田川線	行橋〜田川伊田	26.3km	2,132人/日	1989年10月1日	平成筑豊鉄道田川線
湯前線	人吉〜湯前	24.9km	3,292人/日	1989年10月1日	くま川鉄道湯前線
宮田線	勝野〜筑前宮田	5.3km	1,559人/日	1989年12月23日	バス

マメ蔵　国鉄再建法……正式名称は「日本国有鉄道経営再建促進特別措置法」。輸送密度等から「特定地方交通線」を定義し、廃止（バス転換）または第三セクター移管を規定。建設中の新線にも、同様の基準で工事中止となった例があります。

日本国有鉄道から
JR九州へ

KYUSHU RAILWAY COMPANY

国有鉄道の組織や名称は幾度も変わりましたが、第二次世界大戦後の1949（昭和24）年6月からは「三公社五現業」の公社のひとつ、日本国有鉄道となっていました。国鉄は40年余の歴史に終止符を打ち、民営化されます。

JR九州発足記念式典。日本国有鉄道からJR九州に切り替わった1987年4月1日午前0時に、JR九州の大看板の除幕式が行われた　写真提供：JR九州

国鉄が7つの民営会社に生まれ変わる

　1987（昭和62）年3月31日、明治以来続いてきた国有鉄道が役目を終え、各地で開催された記念イベントには多くの人が詰めかけ、テレビ各局で中継番組が放映されるなど、国民的なできごととなりました。そして翌日から、国鉄の鉄道輸送は民営のJR7社（北海道、東日本、東海、西日本、四国、九州、貨物）として新たなスタートを切りました。

　JR九州の正式な社名は九州旅客鉄道株式会社で、コーポレートカラーは赤です。国鉄から引き継いだのは、元国鉄の九州内各路線の旅客営業と、各路線の設備、車両などです。ただし、山陽本線の関門トンネルから門司駅に至る部分と、博多駅までの山陽新幹線はJR西日本に属すほか、鹿児島本線香椎から分岐して福岡貨物ターミナル方面へ至る**貨物線**は、JR貨物が線路を保有しています。

さまざまな改革に着手する新生JR九州
CI戦略の実施で車両の塗色も変更

5章 JR九州の歴史

JR九州の初代社長は技術畑出身

　JR九州の初代社長となったのは、石井幸孝（よしたか）氏でした。石井社長は1955（昭和30）年に国鉄入社、車両設計部門で活躍しました。当時蒸気機関車を置き換えるために導入を進めていた、ディーゼル車両の開発に長く携わり、多くの成果をあげています。その後は経営管理の分野で職歴を重ね、国鉄末期には九州総局長を務め、JR九州社長となったのでした。本州に比べ電化が遅かった九州の鉄道の歴史において、ディーゼル車両の果たした役割は大きく、その技術開発の第一線で活躍した人物がJR九州の初代社長になったというのも、運命を感じさせるところです。社長退任後は会長にも就きました。

JR九州の初代社長の石井幸孝氏。水戸岡氏を発掘するとともに、さまざまな斬新なアイディアを具現化。現在のJR九州の礎を築いた　写真提供：JR九州

　新生JR九州は、新型車両の投入や新たなダイヤ編成などで、サービス向上を進めていきます。その一方で、国鉄末期から進められた特定地方交通線の廃止も続けました。JR九州になってからの廃止路線数は9線ですが、そのうち第三セクター鉄道として存続したのが6線と、高い率になったことが特筆されます。

博多・小倉の2本社制

　1987（昭和62）年4月に発足した当初のJR九州は、博多駅近くの福岡本社と、門司港駅近くの北九州本社の、2本社体制でした。北九州本社は元国鉄九州総局の建物を使用していましたが、2001（平成13）年にこれを廃止し、本社は福岡に一本化されました。そして、西小倉駅近くに北部九州地域本社が開設されています。

　北九州本社が使用した建物は地上6階、地下1階の風格のあるもので、もともとは1937（昭和12）年に三井物産門司支店として建設されました。戦後国鉄に移管され、九州総局や門司鉄道管理局などが入り、当時の通称は「門鉄（もんてつ）ビル」でした。JR九州北九州本社廃止後、建物は北九州市の所有となり、現在は門司港レトロ観光のビジターセンターとしても活用されています。

> **マメ蔵**
> **貨物線**……JR貨物は香椎～博多港間を承継しましたが、末端の福岡貨物ターミナル～博多港間は1998（平成10）年4月に廃止されました。1989（平成元）年8月には博多港～福岡ボート前（臨時駅）間を一時的に延長し、臨時列車を運転しました。

九州新幹線の部分開業で新たな需要を創出

KYUSHU RAILWAY COMPANY

現在営業している新幹線の博多〜鹿児島中央間は、九州新幹線のうちの鹿児島ルートです。全区間同時の開業とはならず、遠方である新八代以南のほうが先に開業するという、珍しいステップを踏みました。

九州新幹線(鹿児島ルート)の新八代駅。部分開業時には、在来線の「リレーつばめ」号が新幹線ホームに乗り入れ、同一ホーム上での乗り換えを可能としていた。JR九州らしい乗客本位のサービスである。写真提供：JR九州

JR九州初の新幹線が開業

2004(平成16)年3月、九州新幹線新八代〜鹿児島中央間126.8km(営業キロは137.6km)が開業しました。これは九州新幹線鹿児島ルート(博多〜鹿児島中央間)の南半分が先行開業したもので、いろいろな面でユニークなものとなっています。

まず、これがJR九州による初の新幹線となりました。また、博多〜新八代間が未開通のまま、新八代以南だけが開業し、ほかの新幹線から孤立した区間となったのも異例でした。在来線の鹿児島本線はもともと現在の肥薩線経由で全通し、八代以南の鹿児島本線ルートは最後に開業したのですが、新幹線は逆になったというのも、面白いところです。

また、この新幹線開業と同時に、西鹿児島駅が鹿児島中央駅に改称されています。この駅は1913(大正2)年に武という名称で開業し、1927(昭和2)年に西鹿児島と改称されました。地元以外の人は隣の鹿児島駅のほうがメインのように思いがちですが、実際は西鹿児島駅のほうが市の中心部に立地し、多くの列車の始発・終着がここです。鹿児島中央への改称により、ようやく名と実が一致したということになります。駅名を改称したところからも、新幹線の登場にかける地元の期待が感じられます。

福岡〜鹿児島間のシェアを奪還せよ！
JR九州経営の初の新幹線開通

5章 JR九州の歴史

在来線と連携した輸送体制

　部分開業した新幹線は、博多方面とは在来線を介して接続することになりました。通常、大都市圏に近いほうが新幹線で、遠隔地が在来線という乗り継ぎになるのですが、ここでは逆になったのです。新幹線の列車名は、鹿児島本線を走っていた特急の名称「つばめ」が受け継がれ、博多〜新八代間の在来線には、新八代駅で新幹線に接続する特急「**リレーつばめ**」が設定されました。車両は従来の「つばめ」用787系電車が使われました。そして、2011（平成23）年3月に九州新幹線博多〜新八代間が開業し、山陽新幹線と直結します。それまでの約7年間という期間限定で、このユニークな輸送形態が見られたのです。

　また、部分開業の時点でも鹿児島までの到達時間は大幅に短縮され、南九州各地の観光地の注目度も向上しました。

2004年3月に鹿児島中央駅で実施された九州新幹線（鹿児島ルート）の開業式典。開業から約7年間は博多〜新八代間は在来線特急「リレーつばめ」が連絡していた　写真提供：交通新聞社

> **マメ蔵**　**リレーつばめ**……従来の「つばめ」用787系電車を引き続き使用して運行しましたが、運転区間短縮に伴うビュッフェ廃止などの改造が行われました。また、2005（平成17）年からは、この列車独特のDXグリーン席も用意されました。

ブルートレイン廃止から
九州新幹線鹿児島ルート全通まで
KYUSHU RAILWAY COMPANY

かつて、九州行きのブルートレインは花形中の花形列車であり、人々の憧れの的でもありました。しかし、新幹線の開業など時代の流れとともに状況は変わり、徐々に衰退し、ついに全廃という運命をたどります。

鉄路の王者、ブルートレイン

「ブルートレイン」と呼ばれる、青くスマートな車体による寝台特急の元祖は20系客車。1958（昭和33）年10月のダイヤ改正で、東京～博多間の「あさかぜ」でデビューを飾りました。つまり、ブルートレインは九州行き列車で始まったのです。その後、ブルートレインのラインナップは逐次拡充され、九州行きの本数が増えるのみならず、各地に普及します。また、14系、24系といった新系列の客車も登場し、進化が続きました。

九州行きブルートレインが絶頂だったのは、山陽新幹線博多開業直前の時期です。1974（昭和49）年3月の時刻表を見ると、東京～九州間に6往復、関西～九州間に9往復ものブルートレインが走り、さらに583系寝台電車による夜行特急も名古屋・関西～九州間に6往復ありました。しかし、山陽新幹線全通時から縮小に転じます。旅客の移動が新幹線に移行しただけでなく、航空機や高速道路も強力なライバルとなっていったのです。

博多駅に入線するブルートレイン「はやぶさ」。九州を夕方に出発し、東京に翌朝に到着するブルートレインは、1970年代まで首都圏～九州間の主要輸送機関として機能していたが、時代の波にのまれる形で2009（平成21）年に全廃されてしまった　写真提供：JR九州

時代の変化の波はますます加速
長距離列車のシンボル・ブルトレが廃止

九州新幹線の全通で新たなステップへ

　車内設備のグレードアップなどの努力もなされましたが、それにも限界がありました。そして、関西〜九州間のブルートレインは2008(平成20)年3月に「あかつき」「なは」(それぞれ京都〜長崎間、京都〜熊本間で、末期は京都〜鳥栖間で併結)を最後に全廃。東京〜九州間も、追って翌年3月に「富士」「はやぶさ」(それぞれ東京〜大分間、東京〜熊本間で、末期は東京〜門司間で併結)が廃止されます。これをもって九州を発着するブルートレインの歴史は、幕を下ろしたのです。

　ブルートレインの全廃はレールファンにとって寂しいできごとでしたが、2011(平成23)年には待望の九州新幹線鹿児島ルート全通が実現します。決して鉄道そのものが衰退しているわけではありません。九州新幹線は山陽新幹線との直通運転を含め、利便性が高く快適なサービスを提供しています。また、九州新幹線の「みずほ」と「さくら」の愛称は、かつて九州発着のブルートレインに使われたもので、歴史は引き継がれているのです。それどころか、JR九州は今や九州経済の牽引役として、地域での存在感をますます向上させています。関連事業の展開も積極的に行い、現在では鉄道業よりも関連事業の収入の比率が上回っています。JR九州の動向がますます見逃せません。

2009年3月13日に熊本駅で実施された寝台特急「はやぶさ」最終列車の出発式　写真提供：JR九州

九州新幹線(鹿児島ルート)の全線開業日、静かな旅立ちとなった博多発の一番列車　写真提供：JR九州

ブルートレイン……ブルートレインは九州行きが全廃されたほか、ほかの地域でも大幅に縮小されています。現在残っているのは「北斗星」と「あけぼの」のみですが、このほかブルートレイン以外の車両による夜行特急も若干あります。

第5章　JR九州の歴史

6章
JR九州
トリビア

写真提供：JR九州

　日本の鉄道会社の中でも、その個性的な取り組みで利用客や地域住民のみならずメディアや鉄道ファンから注目されるJR九州。この章では、お得なきっぷや各種企画乗車券、安全運行のための保安システム、ホテル・旅行・船舶・飲食業といった多角的な事業を展開するグループ会社の紹介、さらにはユニークな広告やキャラクターなど、JR九州に関わるさまざまな話題を取り上げ、解説するとともに、その独自の経営手法のひみつを探ります。

九州の鉄道シーンを変えた
水戸岡鋭治氏デザインの車両たち

KYUSHU RAILWAY COMPANY

JR九州の車両は先進的で斬新なデザインを続々と採用し、全国の鉄道関係者や鉄道ファンの注目を集めています。デザインは水戸岡鋭治氏が担当。「おもてなしの心」を体現した車両の数々はJR九州のシンボルとなっています。

水戸岡氏がデザインした「ななつ星in九州」のラウンジカー 写真提供：JR九州

「ななつ星in九州」のクルーの制服も水戸岡氏がデザインした 写真提供：JR九州

「ななつ星in九州」の博多駅ラウンジ「金星」。この洗練された空間も水戸岡氏が手がけたものだ

日南線の観光特急「海幸山幸」。地域の木材がふんだんに使われている 写真提供：JR九州

鉄道デザインの革命児、水戸岡氏

　JR九州発足以降に登場した車両の大部分の設計に携わった水戸岡鋭治氏は、大胆で画期的なアイデア、常識破りのデザインを続々と生み出し、JR九州の鉄道シーンを形づくった大功労者であるといえます。水戸岡氏が手がけた車両は、いずれもコンセプトがしっかりと形づくられています。特に観光列車では地域にまつわるテーマを盛り込んだ列車が多く、地域の活性化にもつながっています。

　水戸岡氏が初めてJR九州の車両のデザインを担当したのは1988（昭和63）年に香椎線に登場した観光車両「アクアエクスプレス」です。その前年に竣工したホテル海の中道のデザインがJR九州の初代社長・石井幸孝氏の目にとまり、香椎線の新型車両のデザインを担当することになったのです。洗練された海浜リゾートを楽しむ列車として投入されたこの列車は、その斬新

他社を凌駕するデザインの数々 JR九州のイメージづくりに大きく貢献

新800系の車体側面にペイントされたロゴも水戸岡氏のデザイン　写真提供：JR九州

「ななつ星in九州」の車両公開式典で挨拶する水戸岡氏　写真提供：JR九州

さやスタイリッシュさで大いに話題を集めました。この列車の成功により、水戸岡氏は1992（平成4）年に登場したJR九州のフラッグシップ車両787系のデザインを担当。さらに大きな話題を集め、水戸岡氏の鉄道デザイナーとしての地位は不動のものとなっていったのです。そして、クルーズトレイン「ななつ星in九州」は、水戸岡氏の集大成ともいえる車両に仕上げられています。

「おもてなし」で素晴らしい車両を続々リリース

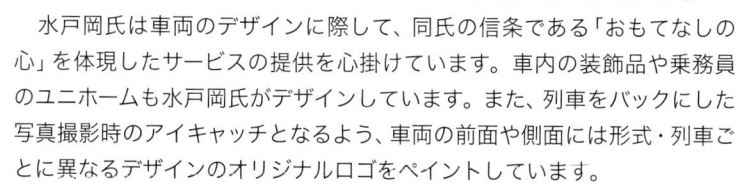

　水戸岡氏は車両のデザインに際して、同氏の信条である「おもてなしの心」を体現したサービスの提供を心掛けています。車内の装飾品や乗務員のユニホームも水戸岡氏がデザインしています。また、列車をバックにした写真撮影時のアイキャッチとなるよう、車両の前面や側面には形式・列車ごとに異なるデザインのオリジナルロゴをペイントしています。

　水戸岡氏がデザインした787系、883系、885系はいずれも、優れたデザインの鉄道車両・施設に与えられる国際賞「**ブルネル賞**」と、鉄道友の会が選定する「ブルーリボン賞」をダブル受賞しています。ブルネル賞受賞車が3形式もある鉄道事業者は世界でもJR九州のみで、水戸岡氏のデザインのクオリティの高さは今や世界のデザイン関係者の注目の的となっています。さらに、近年では駅舎のデザインにも進出。地方私鉄や第三セクター鉄道が水戸岡氏プロデュースの車両、駅舎、サービスを導入して経営改善につなげていったケースも増えています。

> **ブルネル賞**……鉄道関係の施設やサービスを対象に選定される国際デザインコンペティションで、1985（昭和60）年に創設されました。その後、2～3年ごとにコンペが実施されています。賞の名称は19世紀に活躍した英国グレート・ウェスタン鉄道の技師であるイザムバード・キングダム・ブルネル氏にちなんでいます。

向谷実氏を起用した九州新幹線の発車メロディと車内チャイム

KYUSHU RAILWAY COMPANY

駅のホームや列車内では、案内放送の際にさまざまな音楽が流れ、それを聞くのも旅の楽しみのひとつです。九州新幹線では人気ミュージシャンが作曲したメロディが採用され、大いに話題になりました。

フュージョンバンド「カシオペア」のキーボーディストとしてさまざまな名曲を生み出した向谷実氏。鉄道趣味人としても活躍しており、発車メロディや車内チャイム、鉄道シミュレーターソフトなどを手がけている　写真提供：音楽館

◀ 鉄道愛好者のミュージシャンが担当 ▶

　2011（平成23）年の九州新幹線鹿児島ルート全通に合わせ、鉄道愛好者としても知られるミュージシャン、向谷実（むかいやみのる）氏による曲を、新幹線の新鳥栖～鹿児島中央間の各駅ホームの発車メロディ（発車案内アナウンスの際に流す）と、JR九州所属のN700系と800系の車内チャイム（車内放送で使用）に採用しました。

　もともと九州新幹線では向谷氏によるメロディを使用していましたが、一部の新作も入れたうえで採用範囲が拡大されました。特にユニークなのは郷土色を盛り込んだ発車メロディで、熊本県の民謡「おてもやん」をアレンジした曲（熊本駅ホーム発車メロディと、到着時の車内チャイム）と、鹿児島県の民謡「鹿児島おはら節」をアレンジした曲（鹿児島中央駅ホーム発車メロディと、到着時の車内チャイム）が登場しました。それ以外の各駅ホーム発車メロディと到着時の車内チャイムは、九州・山陽新幹線「さくら」をテーマに向谷氏が作曲した「The Journey」をアレンジしたものです。

鉄道音楽の第一人者が織りなすメロディ
鉄道新時代を想起させる素晴らしい曲

メロディを収録したCDも発売

　ひとつの路線の駅や車内の案内放送のメロディが、特定の作者の曲で統一されているのは異例で、九州新幹線のイメージアップにも貢献しています。なお、JR西日本のN700系の車内チャイムは、『いい日旅立ち』をアレンジした曲です。

　また、『さくら～九州新幹線全線開業記念BGM』というCDも発売されました。これには発車メロディと車内チャイム一式、新幹線「さくら」をイメージした楽曲『さくら』などが収録されています。このCDはオンラインショッピングのほか、九州新幹線および九州内の特急列車の車内でも販売されました。

　JR九州では新幹線以外でも、日南線の観光特急「海幸山幸」の車内メロディとミュージックホーン、三角線の観光特急「A列車で行こう」の車内BGMにも、向谷氏の曲を採用しています。

向谷氏が作曲した九州新幹線の発車メロディや車内チャイムはCD化されて市販されていた

向谷実氏の鉄道音楽仕事	
2004年	九州新幹線800系車内チャイム・発車メロディ作曲
2007年	京阪電気鉄道各駅(18駅)の発車メロディ作曲
2009年	阪神電気鉄道全駅の発車・到着メロディ作曲 JR九州の観光特急「海幸山幸」のミュージックホーンと車内チャイムの作曲
2010年	京成電鉄・スカイライナーのミュージックホーンと扉付近で流れるBGM、車内チャイムの作曲
2011年	N700系・800系の車内チャイムおよび九州新幹線の発車メロディの作曲 JR九州の観光特急「A列車で行こう」の車内BGMの作曲
2012年	博多駅在来線ホームの接近メロディ・発車メロディの作曲
2013年	東京急行電鉄東横線渋谷駅の地上ホーム到着メロディ および地下ホーム発車メロディの作曲

マメ蔵　向谷実……「カシオペア」のキーボーディストとして長年活躍。駅や車内のメロディは、東京急行電鉄、京成電鉄、京阪電鉄、阪神電鉄のものを手がけています。ゲーム「Train Simulator」の製作者でもあります。

ハイ・ファイ・セットが歌う洗練された社歌『浪漫鉄道』

KYUSHU RAILWAY COMPANY

JR九州には『浪漫鉄道』という題名の社歌があります。社内以外で聴く機会は限られていましたが、インターネットなどで全国的に浸透し、社歌としては異例ともいえる人気を博しています。

民営会社としてのイメージアップ

1987（昭和62）年4月、日本国有鉄道が分割民営化され、JRグループ各社へ移行しました。これは明治以来のわが国鉄道の歴史の中で、初めて国有の鉄道がなくなるという大きなできごとでした。その際、先行して前年秋にダイヤ改正や車両の転属を実施するなど、周到な計画と準備のうえ、新会社への移行はきわめて円滑に行われました。利用者の立場では、駅や車両に「JR」のロゴが付いたのが目立つ程度で、新会社への移行を全く意識することがないくらいでした。しかし、鉄道の経営という面では、民営会社への移行により状況が一変しました。利用者に良いサービスを提供するのはもちろん、収益もあげていかなければ企業が存続できません。JR各社はさまざまな施策を打っていくのですが、ひとつの柱となったのは「企業イメージの向上」でした。

人気グループが歌う社歌

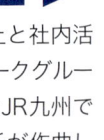

1989（平成元）年、九州の鉄道100周年を記念し、イメージ向上と社内活性化のため、JR九州では社歌を作りました。それが3人組のフォークグループ、ハイ・ファイ・セットが歌う『浪漫鉄道』という曲です。歌詞はJR九州で社内公募し、伊藤アキラ氏がその詞をアレンジ、鈴木キサブロー氏が作曲してできあがりました。歌詞には「夢の列車がひた走る」というフレーズが使われるなど、鉄道の良いイメージが表現されています。そして、曲は軽快でありながら深みが感じられる4拍子。新生JR九州への期待にふさわしいもので、特急「かもめ」の博多到着時などに流され好評を得ました。

この曲はキングレコードが2009（平成21）年1月に発売した『社歌』というCDに収録されています。ちなみに、このCDには有名企業の社歌18曲が収録されていますが、シャープの2曲もハイ・ファイ・セットの歌です。また、同じキングレコードが同年10月に発売したCD『鉄歌：鉄道会社の歌』にも『浪漫鉄道』が収録されています。

6章 JR九州トリビア

旅情をそそるロマンあふれる社歌は鉄道ファンにも人気の曲

JR九州社歌『浪漫鉄道』

[作詞]永富正廣 ／[補作詞]伊藤アキラ ／[作曲]鈴木キサブロー ／[歌]ハイ・ファイ・セット

JASRAC承認番号　1311331-301

走り出せ　人よ時間よ　伝説の国へ　はばたけ
寄せてくる　波のかなたに　あたらしい　星が見えるよ
夢の列車が　ひた走る　街の目覚めに　ふれあうように
夢の列車が　ひた走る　人それぞれの　願いをのせて
海に始まる　山に始まる　終わりなき旅へ　浪漫鉄道

めぐりあう　人よ未来よ　希望への言葉　かわそう
卑弥呼から　明日の生命へ　ひとすじの　道が続くよ
夢の列車が　ひた走る　愛と神秘の　平野を駆けて
夢の列車が　ひた走る　駅それぞれの　幸せ乗せて
海に始まる　山に始まる　終わりなき旅へ　JR九州

夢の列車が　ひた走る　愛と神秘の　平野を駆けて
夢の列車が　ひた走る　駅それぞれの　幸せ乗せて
海に始まる　山に始まる　終わりなき旅へ　JR九州

ハイ・ファイ・セットのボーカル山本潤子さん。ソロとなった現在もその美しい歌声は健在。多くのファンを魅了している　写真提供：葱の花オフィス

ハイ・ファイ・セット……結成は1974（昭和49）年。山本潤子、山本俊彦、大川茂の3人による美しいコーラスが人気を集め、紅白歌合戦にも出場しています。数々のヒット曲を出しましたが、1994（平成6）年に解散しました。

九州の鉄道の歴史がわかる
「九州鉄道記念館」ってどんな施設?

KYUSHU RAILWAY COMPANY

鉄道をテーマにした博物館は全国にいくつもあります。その中で、九州ならではの展示物や資料がそろっているのが、門司港駅近くにある「九州鉄道記念館」。鉄道好きなら、一度は訪れたい場所です。

左上:2013(平成25)年7月に完成した運転台見学コーナー　写真提供:JR九州
左下:展示施設には九州に関連する車両が展示される
右上:レンガ造りの正面ゲート
右下:目玉展示であるキハ07形のサボ

九州鉄道ゆかりの地に開設された博物館

　2003(平成15)年8月、門司港駅近くに九州鉄道記念館がオープンしました。これは、九州における初の大規模な鉄道博物館で、土地、建物、展示物は**JR九州が所有**しています。入館料は大人300円、中学生以下150円で、4歳未満は無料。JR九州のICカード「SUGOCA」提示で2割引になります。

　この記念館は見どころいっぱいなのですが、まず注目したいのは、鉄骨レンガ造り2階建てで風格に満ちた本館の建物。これは九州鉄道の本社社屋だったもので、1891(明治24)年竣工という長い歴史があります。経済産業省の近代化産業遺産(北九州炭鉱-筑豊炭田からの石炭輸送・貿易関連遺産)に認定されています。本館内には、1909(明治42)年製の木造客車(鉄道院チブ37)、811系電車の実物運転台によるシミュレーター、鉄道模型レイアウトのほか、各種展示物があります。

魅力的な車両展示の数々はファン必見 鉄道グッズの販売コーナーも充実!

　そして、車両展示のメインとなるのは、屋根のある車両展示場。駅のホームに似た雰囲気で、展示車両のラインナップは、蒸気機関車2両（9600形、C59形）、電気機関車2両（EF10形、ED72形）、電車2両、気動車（キハ07形）1両、貨車（セラ1形石炭車）1両。また2013年8月にはブルートレイン客車（スハネフ14 11）も新たに加わりました。いずれも国鉄当時の九州で活躍したもので、いわば九州の鉄道史の証人です。

館内には歴代のヘッドマークの展示コーナーもある

右：鉄道商品販売コーナーの品ぞろえも充実
左：九州最大級の鉄道ジオラマ「九州の鉄道大パノラマ」

ユニークなミニ鉄道運転体験

　もうひとつ、屋外のミニ鉄道公園には、軌間450mmのミニ列車があります。一見遊園地の遊戯施設のようですが、内容はなかなか本格的で、線路は単線と複線があり、実物のように信号機が設置されています。1台（3人まで）1回300円で運転体験ができます。ミニ車両は、885系「かもめ」、787系「つばめ」、883系「ソニック」、キハ72形「ゆふいんの森」、近郊形813系電車の5種。実物の展示車両が国鉄時代のものであるのに対し、このミニ鉄道はJR九州の車両が勢ぞろいしています。

　ほかに、九州鉄道の門司駅（現在の門司港駅）の雰囲気を再現した駅名標と、九州鉄道当時の起点「旧0哩（ゼロマイル）標」もあり、歴史を肌で感じることができます。

> **マメ蔵**　**JR九州が所有**……記念館はJR九州の所有ですが、北九州市に無償貸与され、市の公の施設として、指定管理者の「九州鉄道記念館運営共同企業体」（JR九州メンテナンス、JTB九州、JR九州エージェンシーで構成）が管理・運営しています。

博多と釜山を結ぶ高速船
JR九州「ビートル」の実力

KYUSHU RAILWAY COMPANY

JRによる船舶の運航では、JR西日本の宮島航路が有名ですが、JR九州には日本と韓国を結ぶ国際航路があります。運航開始から二十余年の実績を持ち、航空機とはひと味もふた味も違う海外旅行が楽しめます。

博多と韓国の距離を一気に近づけた高速船「ビートル」。鉄道会社が運営する唯一の国際航路である
写真提供：JR九州

海面の上に浮いて進む高速船

「ビートル」は、JR九州の子会社である**JR九州高速船**が運航している高速船です。これは普通の船舶ではなく、ガスタービンエンジンの動力で海水を吸い込み、それを後方に噴射して推進力を得ます。速度が出ると船体の下に備えた翼で海面に浮き上がって走行する、全没翼型水中翼船という種類の船舶です。船体は海面から2mほど高い位置を維持して進みます。

最高時速45ノット（83km/h）という速さが売りもので、福岡市の博多港と韓国の釜山港の間213kmを2時間55分で結びます。海面から船体を浮かせているため、高さ3mくらいまでの波なら、揺れも少なく安定して航行します。通常の船舶が海面の上下に合わせて船体が揺れるのと、大きく異なるところです。これにより過去5年間の就航率97％という高い信頼性が確保されるとともに、揺れが少なく船酔いしにくい、快適な旅を提供しています。ちなみに船体は全長27.36m、全幅9.14mという大きさです。

博多～釜山間を2時間55分で直結
新たな需要を創出する新世代の高速船

博多と対馬から韓国へアクセス

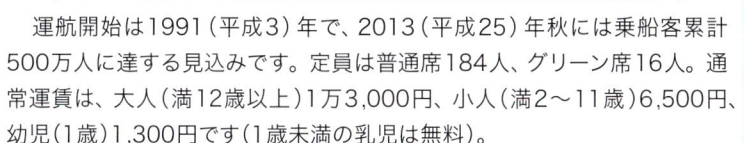

　運航開始は1991(平成3)年で、2013(平成25)年秋には乗船客累計500万人に達する見込みです。定員は普通席184人、グリーン席16人。通常運賃は、大人(満12歳以上)1万3,000円、小人(満2～11歳)6,500円、幼児(1歳)1,300円です(1歳未満の乳児は無料)。

　運航する便数は日によって異なり、1日2～5便。2006(平成18)年から韓国の未来高速の高速船「コビー」との共同運航となっています。所要時間は「ビートル」も「コビー」も同じです。ただし、「ビートル」にはグリーン席があるのに対し、「コビー」は普通席のみです。

　国際航路なので、船内では酒、たばこ、化粧品などの免税品販売も行っています。

　博多～釜山間とは別に、2011(平成23)年10月からは、対馬の比田勝港と釜山港の間でも「ビートル」を運航しています。こちらは距離が76kmしかなく、所要時間は1時間10分と、国際航路とは思えない短い船旅となります。2013(平成25)年4月からは、対馬航路においても共同運航をスタート。比田勝だけでなく、厳原～釜山間も定期航路になりました。距離は131km、所要時間は1時間55分です。

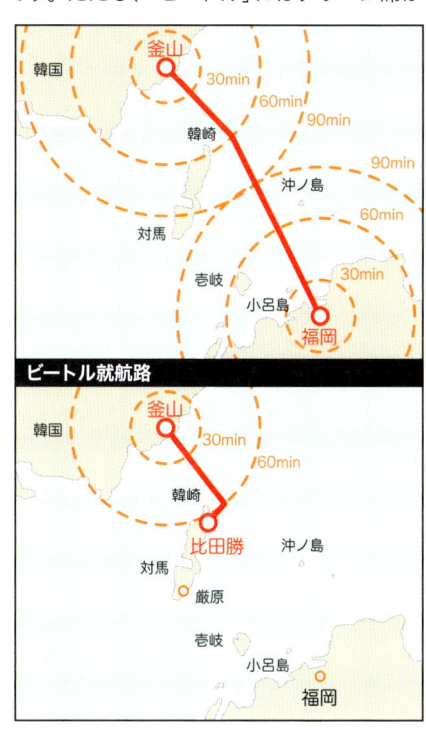

> **JR九州高速船**……「ビートル」はもともとJR九州の船舶事業部で運航していましたが、2005(平成17)年にJR九州の全額出資の別会社化し、JR九州高速船株式会社の運営となりました。船内での物品販売等も自社で行っています。

JR九州のCMには
どんなものがあるの?

KYUSHU RAILWAY COMPANY

JR九州ではテレビCMも積極的に展開し、カラフルな車両たちと同様、なかなかの個性派がそろっています。ほかの地方に在住の方も、旅行で九州を訪れた際に、これらのCMを見るチャンスがあるかもしれません。

◀ 民営会社のイメージにふさわしいCM ▶

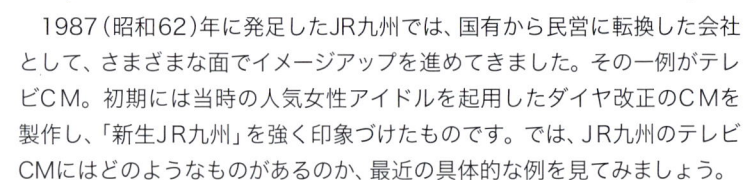

　1987(昭和62)年に発足したJR九州では、国有から民営に転換した会社として、さまざまな面でイメージアップを進めてきました。その一例がテレビCM。初期には当時の人気女性アイドルを起用したダイヤ改正のCMを製作し、「新生JR九州」を強く印象づけたものです。では、JR九州のテレビCMにはどのようなものがあるのか、最近の具体的な例を見てみましょう。

　ここ数年でJR九州最大の話題となったのは、2011(平成23)年3月の九州新幹線全通時の「祝！九州」キャンペーンです。キャンペーンカラーであるレインボーカラーにラッピングしたCM撮影用の新幹線を、開業前に鹿児島中央→博多で運行。車内カメラから撮影した、新幹線の開業を祝うイベント参加者の姿をTVCMにしたものです。CM撮影の参加者は1万人を越えました。九州内のみで放映されたCMでしたが、インターネットにアップされたCM動画をきっかけに全国的に話題となり、カンヌ国際広告祭・金賞をはじめ、国内外の広告賞を受賞しました。

大々的に実施された「祝！九州」キャンペーン。躍進するJR九州の力強さが感じられた　画像提供…JR九州

旅の魅力を伝える素晴らしいCM群 「祝！九州」は国内外の広告賞を受賞

鹿児島への観光客誘致を目的に実施された「鹿児島 沸いてます！」キャンペーン。オリジナルキャンペーンソングも話題を集めた　画像提供：JR九州

充実のCMラインナップ

　九州新幹線関連だけでも、様々なバリエーションのCMが放映されています。
　「祝！九州」キャンペーンの1年後には、一般公募した新幹線と一緒に写った写真を使用し、「新幹線で結ぶ、人と人とのつながりへの感謝」をテーマに、開通1周年記念CMを放送しました。
　また、鹿児島への旅行を促進する「鹿児島 沸いてます！」キャンペーンでは、鹿児島出身の人気シンガーを起用し、オリジナルキャンペーンソングを制作。地元の人々とともに、観光客をお迎えするCMを放映しています。
　ほかにもJR九州らしいCMが目白押しです。福岡へ観光客を誘致する福岡キャンペーン『アサ福岡！ヒル福岡！ヨル福岡！』では、「シニア篇」「ファミリー篇」「女の子篇」など、ターゲットごとにCM素材を作り分け、朝から晩まで一日中楽しめる福岡の魅力を、それぞれの世代に向けて発信しています。また、ユニークなイラストを使った「JR九州インターネット列車予約サービス『とっとく。』」CM、バスと新幹線のセット商品「B&Sみやざき」のラップ調CMなど、JR九州のサービスや商品を紹介する充実のラインナップです。

> **マメ蔵**　祝！九州…平成23年3月11日の東日本大震災の発生を受け、放送開始からたった3日で放送自粛となったCM。しかしYou Tubeにアップされた動画を見て、全国から「感動した」「元気をもらった」などの声が相次ぎました。再生回数は450万回以上（2013年8月現在）。期間限定でCMは再開され、DVDも発売されました。

JR九州の魅力的なキャラクターたち

KYUSHU RAILWAY COMPANY

熊本県の「くまモン」をはじめ、近年は全国各地にさまざまな"ゆるキャラ"が登場し、話題になっています。JR九州にも独自のキャラクターがあり、利用者に親しまれる鉄道会社のイメージづくりに一役買っています。

特定の列車に設定されたキャラクター

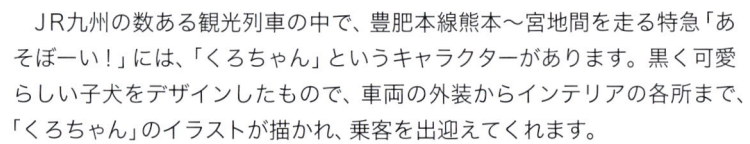

　JR九州の数ある観光列車の中で、豊肥本線熊本～宮地間を走る特急「あそぼーい！」には、「くろちゃん」というキャラクターがあります。黒く可愛らしい子犬をデザインしたもので、車両の外装からインテリアの各所まで、「くろちゃん」のイラストが描かれ、乗客を出迎えてくれます。

　名前は「あそくろえもん」、2歳のオスの黒犬という設定です。「くろちゃん」グッズ各種も取りそろえています。当初は「あそぼーい！」のキャラクターとして誕生しましたが、最近ではJR九州のキャラクターとして、さまざまなイベントで登場の機会が増えています。

キャラクターを用いたキャンペーン

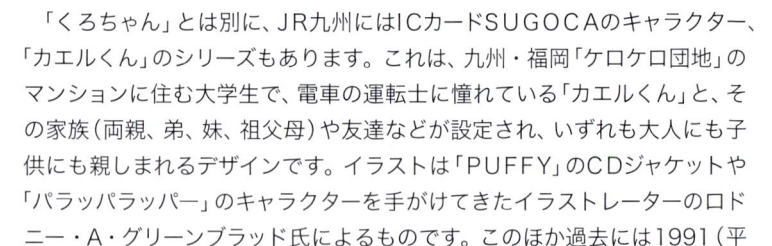

　「くろちゃん」とは別に、JR九州にはICカードSUGOCAのキャラクター、「カエルくん」のシリーズもあります。これは、九州・福岡「ケロケロ団地」のマンションに住む大学生で、電車の運転士に憧れている「カエルくん」と、その家族（両親、弟、妹、祖父母）や友達などが設定され、いずれも大人にも子供にも親しまれるデザインです。イラストは「PUFFY」のCDジャケットや「パラッパラッパー」のキャラクターを手がけてきたイラストレーターのロドニー・A・グリーンブラッド氏によるものです。このほか過去には1991（平成3）年に誕生したJR九州のイメージキャラクター「**風の子**」などもありました。

JR九州の初期のオリジナルキャラクター「風の子と不思議な仲間たち」　画像提供：JR九州

鉄道への親しみを向上させるキャラクター
くろちゃんは会社全体のキャラクターに昇格

6章 JR九州トリビア

「あそぼーい！」の車体に描かれたくろちゃん。JR九州全体のシンボルとなりつつある

多彩な表情をみせるくろちゃん。あくび姿も愛くるしい

「あそぼーい！」の内部には無数のくろちゃんがペイントされている

カエルくんと時計くん

　お客さまに新しいICカードサービスの親しみやすさ、軽快感をイメージして頂けるよう、人気デザイナーのロドニー・A・グリーンブラッド氏がデザインした「カエルくんと時計くん」のキャラクターを採用。あわせて、列車の乗車スタイルを「変える」、駅などの店舗でも「買える」、列車で「帰る」という機能や、鉄道の持つ「定時制」も表現しています。

マメ蔵　風の子……国鉄の硬いイメージを取り払い、お客さまとJR九州を結ぶ仲介役を創ることを目的に誕生したJR九州のキャラクター。最近では目にすることはなくなりましたが、木の子、水の子など8人の仲間たちとともにポスターやチラシに登場したほか、各地のイベントでは着ぐるみも活躍していました。

JR九州エリア内の駅弁の魅力

KYUSHU RAILWAY COMPANY

鉄道による旅の楽しみのひとつとして、駅弁をあげる人も多いのではないでしょうか。九州は味覚の宝庫でもあり、JR九州の駅でもさまざまな個性的な駅弁が販売されています。

今でも見られる立ち売り

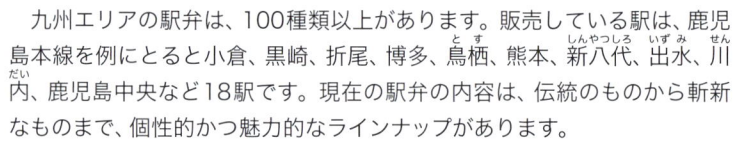

　九州エリアの駅弁は、100種類以上があります。販売している駅は、鹿児島本線を例にとると小倉、黒崎、折尾、博多、鳥栖、熊本、新八代、出水、川内、鹿児島中央など18駅です。現在の駅弁の内容は、伝統のものから斬新なものまで、個性的かつ魅力的なラインナップがあります。

　特に有名なのは、折尾駅や黒崎駅などで販売の「**かしわめし**」。鶏がらスープと秘伝の味の素で炊き込んだご飯に、かしわ肉、錦糸卵、刻み海苔をトッピングした三色弁当です。折尾駅の鹿児島本線のホームでは、今も立ち売りが行われており、改札口に「本日かしわめし販売」という看板も掲出するほどの人気です。また、ホームの立ち売りは、折尾駅のほかに人吉駅でも行われ、旅行者に人気を博しています。

第9回九州駅弁グランプリ (2013年3月発表)			
順位	駅弁名	発売箇所	駅弁会社名	昨年
優勝	佐賀牛すき焼き弁当	武雄温泉駅	カイロ堂	1位
準優勝	やりいか重箱仕立て	博多駅	(株)萬坊	(初)
3位	有田焼カレー	有田駅	創ギャラリーおおた	2位
4位	いか三昧	博多駅	(株)萬坊	3位
5位	坂本屋角煮めし	長崎駅	坂本屋	10位
6位	玉名まるごと四季彩薬草弁当	新玉名駅	日本料理たがみ	(初)
7位	大分宝ちらし寿し弁当	大分駅	(株)ビオティックジャパン	5位
8位	大名道中駕籠	折尾駅・黒崎駅ほか	(株)東筑軒	13位
9位	鮎屋三代	新八代駅・熊本駅	頼藤商店	-
10位	おごっつお弁当	「SL人吉」車内	(株)ニシコーフードサービス	12位
11位	黒豚めしと牛めし味くらべBOX	出水駅	(株)松栄軒	(初)
12位	鹿児島よくばり弁当	出水駅・鹿児島中央駅	(株)松栄軒	(初)
13位	佐賀みつせ鶏とりトロ弁当	佐賀駅	佐賀駅構内営業(有)新玉	外
14位	かしわめし	西都城駅前	(株)せとやま弁当	外

※昨年順位：「-」昨年エントリーなし、「(初)」今年初参加、「外」昨年上位15位以下

楽しい旅行を彩る駅弁の数々
地域の名産品を活かした新商品も続々登場

車内でも楽しめる弁当

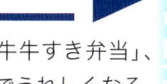

　佐賀県は佐賀牛が名産ですが、佐賀駅の「佐賀牛黒毛和牛牛すき弁当」、武雄温泉駅の「佐賀牛すき焼き弁当」と、名前を聞いただけでうれしくなる駅弁がラインナップされています。

　このほか有名なものとして、鳥栖駅他の「長崎街道焼麦(しゃおまい)弁当」、鹿児島中央駅の「黒豚弁当」などがあげられます。もちろん、ほかの駅も人気の駅弁が目白押しです。駅弁を売る駅は往年より少なくなりましたが、観光列車に力を入れているJR九州ならではのものとして、列車内限定販売の弁当もあります。具体的には、新幹線「さくら」「みずほ」の「さくら咲く」、特急「ゆふいんの森」の「ゆふいんの森弁当」、特急「あそぼーい！」の「くろちゃんのあそモコ弁当」などがあります。なかでも、特急「はやとの風」の「かれい川～百年の旅物語」はランキングで3年連続1位を獲得するなど、人気を博しています。

　多彩な弁当を味わうことを目的に九州を旅するのも、なかなか楽しそうです。

九州北部の名物料理「かしわめし」は九州各地で販売されている。特に折尾駅と鳥栖駅のものが有名。写真は折尾駅で販売されているもの　写真提供：JR九州

駅弁グランプリ

　JR九州では「みんなで選ぶ九州の"よか"駅弁総選挙！」というキャッチフレーズで、「九州駅弁グランプリ」を毎年開催しています。これは、まず予選として駅弁に添付されたアンケートはがきで投票します。これに審査員の投票を加えて九州全7県の代表が計約14種類に絞られます。

　そして、「お客さま本選大会」としてJR博多シティで試食会を開き、来場客、報道関係者、審査員による投票で最終順位が決まります。直近では「第9回九州駅弁グランプリ」の本選が2013(平成25)年3月に開催され、優勝は武雄温泉駅の「佐賀牛すき焼き弁当」でした。

> **かしわめし** ……折尾駅などで販売されているのは、東筑軒が製造している「かしわめし」です。ほかにJR九州の駅弁で名前に「かしわめし」とつくものに、「小倉のかしわ飯」(小倉駅)、「かしわめし」(西都城駅)があります。

九州新幹線西九州ルートで導入予定のFGTってどんな車両?

KYUSHU RAILWAY COMPANY

博多〜鹿児島中央間が全通した九州新幹線ですが、この区間は「鹿児島ルート」です。続いて、長崎に至る「西九州ルート」の建設を進めており、一部区間に既存の在来線設備を活用する"秘策"を開発中です。

新幹線と在来線を自在に直通する車両

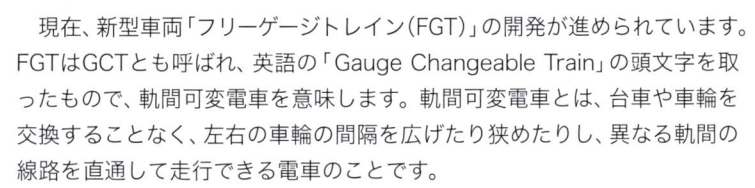

　現在、新型車両「フリーゲージトレイン（FGT）」の開発が進められています。FGTはGCTとも呼ばれ、英語の「Gauge Changeable Train」の頭文字を取ったもので、軌間可変電車を意味します。軌間可変電車とは、台車や車輪を交換することなく、左右の車輪の間隔を広げたり狭めたりし、異なる軌間の線路を直通して走行できる電車のことです。

　軌間が異なる路線で直通運転をするヨーロッパでは古くから採用されている方式ですが、日本ではまだ実用化されていない新技術です。日本におけるFGTの開発では、1998（平成10）年に**第1次試験車両**が完成し、以後2004（平成16）年にかけて試験走行が実施されました。そして、2007（平成19）年からは第2次試験車両での試験運転を実施中です。

　FGTは、九州新幹線西九州ルートで営業運転に採用される予定です。同

上：実験が進むフリーゲージトレイン。九州新幹線西九州ルートでの実用化が期待されている
左：異なるレール幅に対応する台車　写真提供：大野雅人

軌間可変車両で広がる新鉄道時代
長崎と関西方面の直結を目指す

ルートは、すでに営業中の九州新幹線鹿児島ルートから新鳥栖駅で分岐し、長崎へ向かいます。建設費の節減や工期短縮などのため、新鳥栖～武雄温泉間は在来線の長崎本線と佐世保線を活用し、武雄温泉～長崎間は嬉野温泉を通る経路で新幹線フル規格の新線を建設する計画です。

新しいスタイルの新幹線

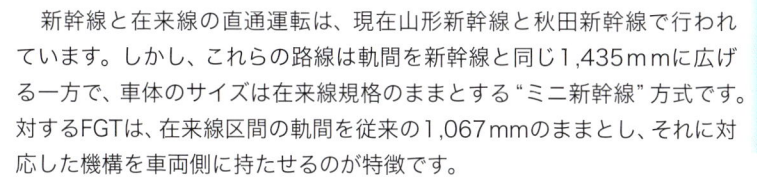

　新幹線と在来線の直通運転は、現在山形新幹線と秋田新幹線で行われています。しかし、これらの路線は軌間を新幹線と同じ1,435mmに広げる一方で、車体のサイズは在来線規格のままとする"ミニ新幹線"方式です。対するFGTは、在来線区間の軌間を従来の1,067mmのままとし、それに対応した機構を車両側に持たせるのが特徴です。

　FGTとした場合、車両のほか、地上の線路にも軌間を変換させる設備が必要となります。しかし、それ以外は在来線の地上施設を大きく改めることなく使えるので、トータルのコストは"ミニ新幹線"より有利になります。FGTが実用化されれば、全国の新幹線網のさらなる拡大につながるかもしれません。

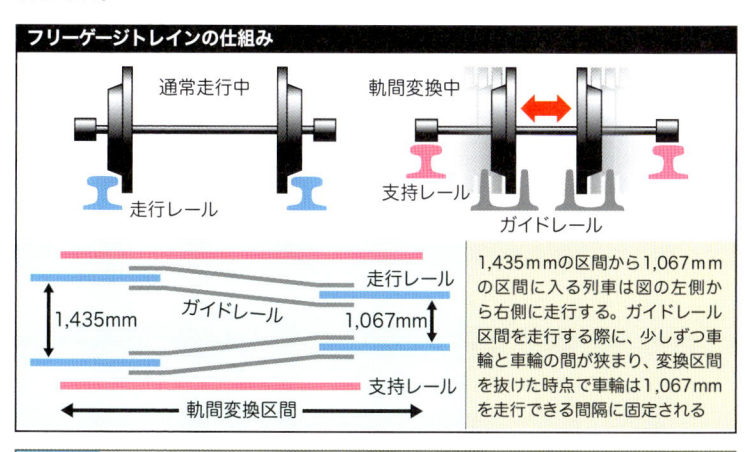

フリーゲージトレインの仕組み

通常走行中　　軌間変換中

走行レール　　支持レール　　ガイドレール

1,435mm　ガイドレール　1,067mm　走行レール
支持レール
軌間変換区間

1,435mmの区間から1,067mmの区間に入る列車は図の左側から右側に走行する。ガイドレール区間を走行する際に、少しずつ車輪と車輪の間が狭まり、変換区間を抜けた時点で車輪は1,067mmを走行できる間隔に固定される

第1次試験車両……GCT01と称し、独立行政法人鉄道建設・運輸施設整備支援機構が所有していました。試験運転は日本の在来線と新幹線で行ったほか、米国コロラド州の鉄道試験施設で高速耐久試験も実施しました。

JR九州の電気設備のひみつ
KYUSHU RAILWAY COMPANY

国鉄時代、九州の路線網で骨格にあたる鹿児島本線、日豊本線、長崎本線、佐世保線の全線が1970年代に電化を完了しました。その後も国鉄およびJR九州において、さらに電化区間が拡大しました。

◤ 鹿児島本線から始まった交流電化 ◥

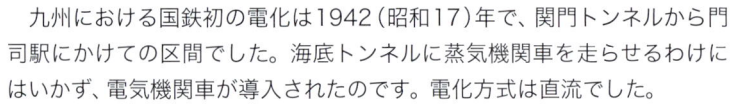

　九州における国鉄初の電化は1942（昭和17）年で、関門トンネルから門司駅にかけての区間でした。海底トンネルに蒸気機関車を走らせるわけにはいかず、電気機関車が導入されたのです。電化方式は直流でした。

　関門トンネルを除くと、九州の国鉄の電化は戦後になってから交流（周波数60Hz）で始まります。最初は門司港〜久留米間が1961（昭和36）年に電化され、その後段階的に南へ向けて電化が進み、鹿児島まで到達するのは1970（昭和45）年でした。関門トンネル内は引き続き直流電化で、交直流車両が走行中に、門司駅の直前で、車上において電源方式を切り替えています。この区間はデッドセクションと呼ばれます。国鉄時代に製造された車両は補助電源の容量が小さいので、この区間を走行する際車内の照明が一時的に消えます。

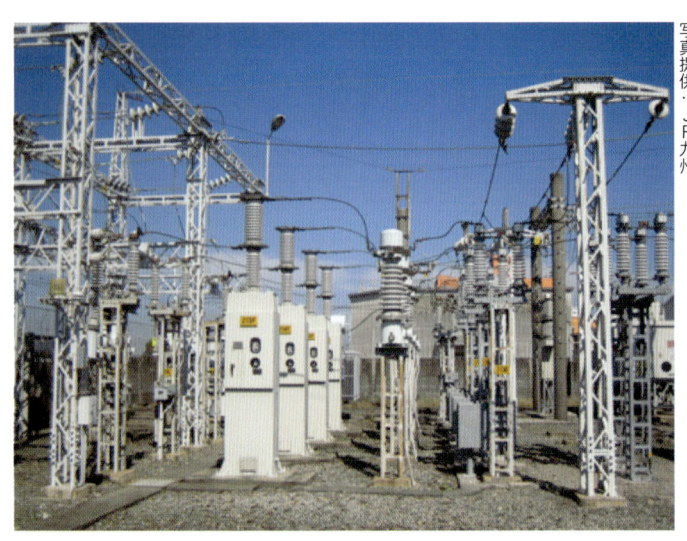

二日市の変電設備。交流電化の場合直流と比べて変電設備は比較的簡素なもので済むが、その分車両に変圧器を搭載する必要がある　写真提供：JR九州

動力近代化の推進による電化区間の拡充 電化関連設備も年々更新！

機関車が電車を牽引

1964（昭和39）年に東海道新幹線が開業したことに伴い、それまで東海道本線を走っていた**151系電車**を転用し、新大阪〜博多間で特急「つばめ」「はと」が運転を開始しました。151系は直流電車なので、交流電化区間は自力で走れません。そのため、下関〜門司間は交直流電気機関車、門司〜博多間は交流電気機関車が151系を牽引しました。その際、架線から電流を取り込み151系に空調などの電源を供給する「電源車」サヤ420形も連結しています。この珍しい運転形態は、翌年の交直流電車481系投入により解消しました。

鹿児島本線以外の在来線では現在、日豊本線、長崎本線、佐世保線のそれぞれ全線と、豊肥本線熊本〜肥後大津間、筑豊本線・篠栗線の折尾〜新飯塚〜吉塚間、日南線・宮崎空港線の南宮崎〜田吉〜宮崎空港間、大村線の早岐〜ハウステンボス間も交流電化されています。豊肥本線では、電化前の一時期に鹿児島本線から電車特急「有明」が水前寺駅まで乗り入れを行い、DE10形ディーゼル機関車と電源車を連結する珍しいシーンが見られ、かつての151系電車の九州乗り入れ方法の再来を思わせました。また、九州新幹線も交流電化ですが、電圧は新幹線共通の2万5,000Ｖで、在来線の2万Ｖより高くしています。

JR九州の電化路線で例外となっているのが、筑肥線・唐津線の姪浜〜西唐津間と本州につながる門司〜下関間。この2区間だけが直流1,500Ｖ電化で運転を行っています。

かつて九州特急のエースだった485系。鹿児島本線の電化完成時には投入が間に合わず、直流型の151系が投入されていた。151系と485系のボンネットタイプは外観が似ているが車体高が異なるなど相違点も多い　写真提供：RGG

> **151系電車**……国鉄初の特急電車で、電源は直流。1958（昭和33）年にモハ20系としてデビューし、翌年に151系と改番されました。1960（昭和35）年には豪華な車内設備を持つ「パーラーカー」、クロ151形も加わっています。

JR九州の橋梁にはどんなものがあるの?

KYUSHU RAILWAY COMPANY

山が多い地形の九州は、海に向かって大小数々の川が流れています。そのため、鉄道は各所で川を渡ることとなり、橋梁がつくられてきました。橋梁建設の歴史は、九州の鉄道建設の歴史ともいえます。

上：佐賀県西部の牛津川橋梁の建設現場。撮影は1883（明治16）年　写真提供：鉄道博物館
左：1987（昭和62）年に廃止された佐賀線の筑後川昇開橋。現在も見学に訪れるファンは多い　写真提供：JR九州

今も残る九州鉄道の橋梁

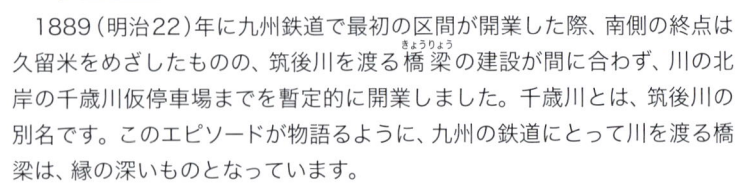

　1889（明治22）年に九州鉄道で最初の区間が開業した際、南側の終点は久留米をめざしたものの、筑後川を渡る橋梁の建設が間に合わず、川の北岸の千歳川仮停車場までを暫定的に開業しました。千歳川とは、筑後川の別名です。このエピソードが物語るように、九州の鉄道にとって川を渡る橋梁は、縁の深いものとなっています。

　この筑後川の橋梁はドイツから輸入し、1890（明治23）年に晴れて久留米まで開業します。線路の左右に台形に組んだ鉄骨があり、この様式を「トラス橋」と呼びます。この橋梁は九州初の鉄道用トラス橋だったのですが、鹿児島本線を走る機関車の大型化に伴い、大正時代に、より強度のある橋梁に架け替えられました。

川の多い九州に設置されたさまざまな橋梁 建築遺産も多数残存

南九州屈指の名橋梁・第一球磨川橋梁。撮影名所として鉄道ファンの人気も高い　写真提供：JR九州

　その際、従来の橋梁で9つ連続していたトラスのうち4つが、熊本県にある鹿本鉄道の菊池川橋梁に転用されました。同鉄道はのちに山鹿温泉鉄道と改称し、1965（昭和40）年に廃止されたのですが、トラスがひとつだけ残され、現在は山鹿市内の遊歩道の一部として使われています。

100年以上現役で使われている橋梁

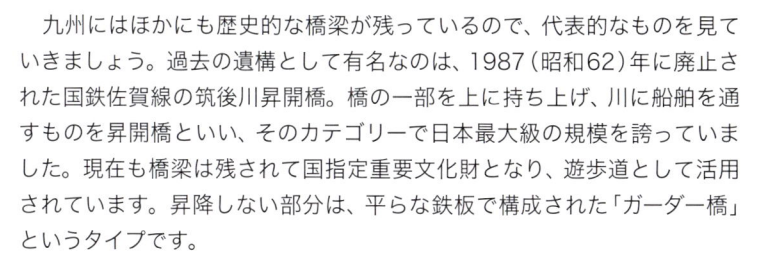

　九州にはほかにも歴史的な橋梁が残っているので、代表的なものを見ていきましょう。過去の遺構として有名なのは、1987（昭和62）年に廃止された国鉄佐賀線の筑後川昇開橋。橋の一部を上に持ち上げ、川に船舶を通すものを昇開橋といい、そのカテゴリーで日本最大級の規模を誇っていました。現在も橋梁は残されて国指定重要文化財となり、遊歩道として活用されています。昇降しない部分は、平らな鉄板で構成された「ガーダー橋」というタイプです。

　また、北九州市内には明治時代に軍の要請で九州鉄道が内陸部に敷設した大蔵線にあった、レンガ造りの茶屋町橋梁が残っています。これは優雅なアーチを描く形状で、「アーチ橋」に分類されます。

　肥薩線鎌瀬駅近くにある**第一球磨川橋梁**と那良口～渡間の第二球磨川橋梁は、1908（明治41）年に完成したトラス橋が今も現役で、上述の茶屋町橋梁とともに経済産業省の近代化産業遺産に指定されています。

> **マメ蔵　第一球磨川橋梁**……肥薩線は球磨川を4回渡り、最も下流にあるのが第一球磨川橋梁です。1906（明治39）年にアメリカン・ブリッジ社から輸入したものを設置し、1908（明治41）年に完成しました。第二球磨川橋梁も完成年とメーカーは同じです。

JR九州のトンネルには どんなものがあるの?

KYUSHU RAILWAY COMPANY

九州は起伏に富んだ地形で、関門海峡を挟んで本州に隣接しています。鉄道のトンネルも多彩で、JR九州には海の底を走るトンネルや険しい山岳地帯を通るトンネルなど特徴的なトンネルが存在します。

世界初の海底トンネル

　関門トンネルは山陽本線の下関〜門司間にあるトンネルで、関門海峡を横断する陸上交通機関では最も古く、世界初の海底トンネルです。戦時中の設計のため、柔軟性を考慮した単線並列方式で建設され、上下線ともに上り下り双方向の運行が可能になっています。上り線は3,605m、下り線は3,614mの単線トンネル2本からなっており、このうち海底部分は1,140mで、下り線は1936(昭和11)年に着工し、1942(昭和17)年に開通。上り

長崎本線の長崎トンネル。現川〜浦上間にあり、全長は6,173mにも及ぶ　写真提供:JR九州

肥薩線の矢岳第一トンネル。明治時代に竣工した鉄道遺産的価値の高い施設だ　写真提供:JR九州

関門トンネルの内部。1942(昭和17)年の開業以来九州と本州を直結する大動脈として機能している。　写真提供:JR九州

唐津線の多久〜厳木間にある笹原トンネル。レンガのトンネルポータルが同線の長い歴史を感じさせる

山がちの地形を短絡するトンネル技術
九州新幹線の新八代以南は7割がトンネル

線は1940（昭和15）年に着工し、1944（昭和19）年に開通しています。トンネル内は直流1,500Vで電化されていますが、門司駅構内では交流2万V（60Hz）との**デッドセクション**（架線に電気が流れていない区間）が設けられており、交直両用機関車が牽引する列車や交直両用電車によって列車の運転が行われています。このトンネルを通る列車を牽引する機関車の一部は、錆を防ぐためにステンレス車体となっているものがあります。日中の閑散時間帯に軌道点検・保守を実施するときは、上下線のいずれかを閉鎖し、単線運転を実施することがあります。海底を貫通する日本でも初めてのトンネルであるため、欧米の水底トンネル技術を参考とし、東海道本線熱海〜函南間の7,804m丹那トンネル工事で得られた技術経験が工事に活用されました。

所要時間の短縮と険しい地域にトンネルを建設

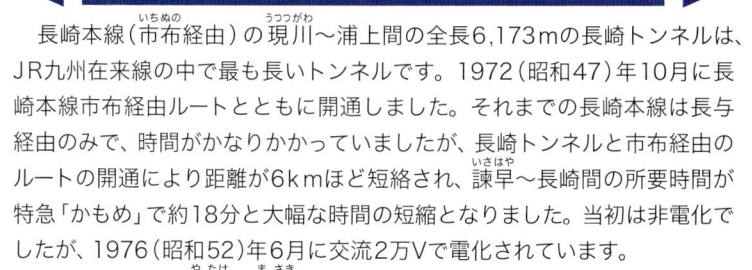

長崎本線（市布経由）の現川〜浦上間の全長6,173mの長崎トンネルは、JR九州在来線の中で最も長いトンネルです。1972（昭和47）年10月に長崎本線市布経由ルートとともに開通しました。それまでの長崎本線は長与経由のみで、時間がかなりかかっていましたが、長崎トンネルと市布経由のルートの開通により距離が6kmほど短縮され、諫早〜長崎間の所要時間が特急「かもめ」で約18分と大幅な時間の短縮となりました。当初は非電化でしたが、1976（昭和52）年6月に交流2万Vで電化されています。

また、肥薩線の矢岳〜真幸間には、全長2,096mの矢岳第一トンネルがあります。このトンネルは肥薩線の矢岳越えといわれる険しい山岳地域にあり、肥薩線では最も長いトンネルです。トンネルの人吉側には、当時の逓信大臣・山縣伊三郎の揮毫で「天險若夷」、吉松側には、鉄道院総裁・後藤新平の揮毫で「引重致遠」の、横に長い額が取り付けられています。これらの言葉をつなげて読むことにより、「天下の難所を平地であるかのように工事したおかげで、重い貨物であっても、遠くまで運ぶことができる」という意味になっています。この2人の名前は、観光列車「いさぶろう・しんぺい」にも使われています。

> **デッドセクション**……鉄道の電化区間において、異なる電気方式や会社間の接続点に設けられる、架線に電気が流れていない区間や地点のことで、死電区間や無電区間、もしくは単にセクションともいいます。

JR九州の保安装置はどんなものなの?

KYUSHU RAILWAY COMPANY

鉄道には衝突防止や過速度防止の安全装置が導入されており、列車が停止信号の見落としや速度超過した場合、自動的にブレーキがかかることがあります。ここではJR九州の自動列車保安装置を見てみましょう。

ATSとATCについて

　ATS（自動列車停止装置、Automatic Train Stop）やATC（自動列車制御装置、Automatic Train Control）は列車の衝突や過速度を防止する安全装置の一種です。基本的な機能として、ATSは列車が停止信号を越えて進もうとした場合に、自動的に停止させる装置であるのに対し、ATCは常に列車の速度を自動的に許容された速度以下に制御する装置です。ATSは前述のとおり停止信号に対する自動停止機能のほかに、カーブやポイントなどで信号現示に関係なく制限速度を超えた場合に警報を与えたり、列車のブレーキを自動的に動作させて減速させたり停止させたりする機能がついたものもあります。鉄道事業者などによって、ATSの機能は大きく異なり、ATCに近い機能を備えていることもあります。ATSやATCは、列車の安全を確保するうえで重要な保安装置ですが、加速などは乗務員が操作しています。

1970年代後半の「にちりん」と「おおよど」。この時代はローカル線区のCTC化が進んだ時期で、駅の無人化が進められていた。ATSも現在のものよりも冗長性が乏しかった　写真提供：RGG

安全運行の要石として機能する保安装置 新幹線は最新のデジタルATCを採用!

在来線にはATS-DK、九州新幹線にはデジタルATCを導入

　JR九州の在来線に導入されているATS-DKは、現行のATS-SKとの機能面における互換性を持たせながら、現在の「地点速度照査方式」より安全性の高い「連続速度照査方式」を実現させることを目的として、鉄道総合技術研究所で開発が行われてきたATS-Xを改良したものです。現行のATS-SKと互換性があるため、段階的に導入できることが大きな特徴です。

地上に設置された地上子からのデジタル情報、および車上に登録されたデータベース情報に基づいて速度照査パターンを発生させ、列車の速度が速度照査パターンを超過した時には、自動的に非常ブレーキを動作させる機能を持ったシステムです。

　また、JR九州の九州新幹線に導入されているATCは、デジタル信号を用いたパターン制御方式を用いています。地上装置が先行列車の位置や進路の状態などを元に計算した制御情報を車上へ送り、受信した車上装置が速度照査パターンを作成し、許容される速度を運転台に示します。車上装置は列車の速度と速度照査パターンを常に比較しており、列車の速度が高ければブレーキ指令を出し、逆に列車の速度が低ければブレーキを緩める指令を出します。また、従来の多段ブレーキ制御方式ではなく、スムーズな減速による乗り心地向上を可能にした一段ブレーキ制御方式を採用しています。

817系の運転台。左側にATSのタイプや緊急ブレーキ(EB)が装着されていることが示されている

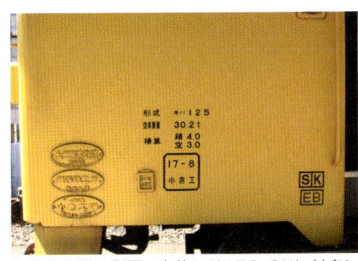

キハ125形の側面。車体にはATS-SKに対応していることが標記されている

> **マメ蔵** 地上子……ATSシステムなどで車両の車上子との間で情報を送受信するために、地上に設置された装置。電線をループ状に巻いたコイルなどで構成されていて、線路内の枕木に取り付けられます。

「2枚きっぷ」「4枚きっぷ」ってどんな乗車券なの？

KYUSHU RAILWAY COMPANY

JR九州では中・長距離で利用できる、2枚あるいは4枚セットのお得なきっぷを用意しています。旅に出るときは、自分が利用する区間にこれらのきっぷが設定されていないか、チェックしてみましょう。

▶ 2枚または4枚セットの回数券 ◀

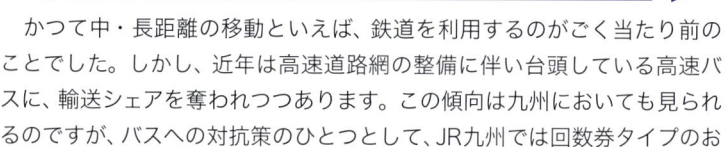

　かつて中・長距離の移動といえば、鉄道を利用するのがごく当たり前のことでした。しかし、近年は高速道路網の整備に伴い台頭している高速バスに、輸送シェアを奪われつつあります。この傾向は九州においても見られるのですが、バスへの対抗策のひとつとして、JR九州では回数券タイプのお得なきっぷ（特別企画乗車券）を用意しています。

　それは「2枚きっぷ」「4枚きっぷ」と名づけられ、設定された区間のきっぷ2枚あるいは4枚をセットにしたものです。このシリーズにどのようなラインナップがあるのか、見ていきましょう。

　まず、「九州新幹線2枚きっぷ」は九州新幹線を含む区間（新幹線のみ、あるいは在来線と乗り継ぐもの）の乗車券と自由席特急券がセットになっています。2人で片道を利用しても、1人で往復してもOKです。2013（平成25）年9月現在、設定区間は19種類もあるので、利用するチャンスも多いの

割引きっぷの設定価格例（2013年10月現在）　指定席特急料金は通常期で算出。（ ）内は1枚あたりの額

きっぷの名称＼乗車区間	博多〜鹿児島中央 新幹線指定席	博多〜熊本 新幹線指定席	博多〜新大牟田 新幹線自由席	小倉〜大分 指定席	博多〜長崎 指定席
普通運賃＋特急料金	10,170円	4,990円	2,930円	3,620円	4,580円
九州ネットきっぷ	9,000円	3,500円	2,500円 ※3	2,900円	3,000円
九州ネット早特3	8,500円	3,000円	—	—	2,500円
九州ネット早特7	7,500円	2,500円	—	—	—
2枚きっぷ	18,000円 (9,000円) ※1	—	5,000円 (2,500円)	5,800円 (2,900円)	6,000円 (3,000円)
4枚きっぷ	—	—	—	9,800円 (2,450円)	10,000円 (2,500円)
九州新幹線 日帰り2枚きっぷ	—	—	4,000円 (2,000円)	—	—
ビックリつばめ 2枚きっぷ	—	5,500円 (2,250円) ※2	—	—	—

※1 自由席のみ　※2 利用券1,000円分付き　※3 指定席

高速バスへの対抗策で生まれた乗車券 JR九州の看板商品に成長！

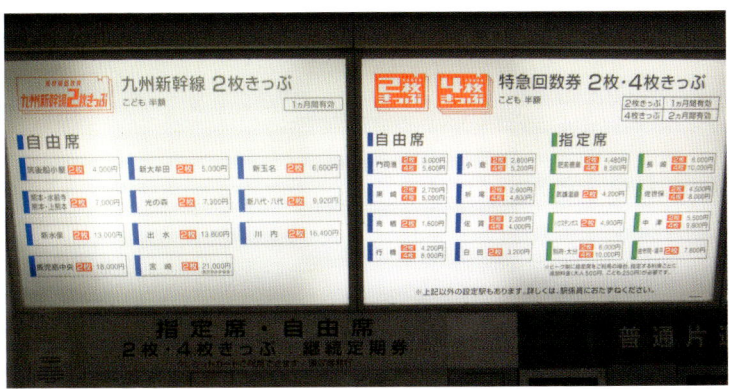

JR九州の看板商品に成長した2枚きっぷ・4枚きっぷは、自動券売機でも販売されている。高速バスとの対抗で誕生したこの企画乗車券は、JR九州の増収に大きく貢献している

ではないでしょうか。

　九州新幹線関係ではほかに、有効日数を1日とした「九州新幹線日帰り2枚きっぷ」（新幹線に5区間を設定）、博多駅の店舗の**利用券**1,000円分がついた「ビックリつばめ2枚きっぷ」（博多〜熊本間のみ、利用日の前日まで発売）があります。

新幹線とバスのコラボレーション

　在来線用はさらにラインナップが豊富です。「2枚きっぷ」と「4枚きっぷ」（特急指定席利用、特急自由席利用、乗車券のみと区間によって3種を設定）の2アイテムがあり、それぞれ複数の区間を設定しています。

　また、ユニークなのは「B&Sみやざき2枚きっぷ」で、これは博多〜新八代間の新幹線自由席と、新八代駅〜宮崎駅間の高速バス指定席を乗り継いで利用するものです。

　そのほか、豪勢に10枚のきっぷをセットにした「10枚きっぷ」も、特急指定席利用4区間と特急自由席利用2区間が設定されています。

> **マメ蔵**
> **利用券**……JR博多シティ（アミュプラザ博多と博多デイトス、一部店舗を除く）の買い物、駅レンタカー九州の熊本駅営業所でのレンタカーに加えて、博多駅みどりの窓口内の「つばめカフェ」でも利用できるようになりました。

乗り放題が魅力!「旅名人の九州満喫きっぷ」と「HAPPY BIRTHDAY ♪ KYUSHU PASS」

KYUSHU RAILWAY COMPANY

「2枚きっぷ」や「4枚きっぷ」は特定の区間を複数回利用できるものですが、エリアを定めて乗り降り自由にしたきっぷもラインナップしています。その中から、広い範囲で使える2アイテムを紹介しましょう。

九州の全鉄道に乗れる無敵のきっぷ

　JR九州の企画きっぷの中で、特にインパクトの強い存在が「旅名人の九州満喫きっぷ」です。名称からしてユニークなこのきっぷ、普通列車や快速列車など限定ですが、九州内の鉄道全線が任意の3日分乗り降り自由(新幹線、博多南線を除く)になっています。具体的には、JR九州はもちろん、第三セクター鉄道各社、西日本鉄道(西鉄)、福岡市営地下鉄、筑豊電鉄、島原鉄道、熊本電鉄、長崎電気軌道、熊本市電、鹿児島市電、北九州モノレール。有効期間は購入日から3カ月以内で、きっぷはその間の任意の日に利用できます。3日連続していなくてもOKですし、3人同時に使うこともできます。

　発売額は10,500円(大人・子供同額)。使い方しだいで利用価値が非常に大きくなるでしょう。名前に「旅名人」とつくだけのことはあります。なお、このきっぷではJR九州の特急、南阿蘇鉄道のトロッコ列車やバスには乗車できません。

企画乗車券の販売で需要の掘り起こし
乗客にも大人気の乗り放題乗車券の数々

3日間特急乗り放題の期間限定きっぷ

　JR九州の新幹線および在来線の特急に連続する3日間自由に乗れるきっぷも、期間限定で発売されています。

　まず、利用開始日が誕生日の月である場合のみ購入できる「HAPPY BIRTHDAY♪KYUSHU PASS」。なんと九州新幹線を含むJR九州の列車のグリーン席が6回まで利用でき（一部除く）、3日間乗り降り自由。おねだんも20,000円（大人・子供同額）とお手頃です。購入と利用の際は、生年月日がわかる証明書が必要です。

　これとは別に、いつでも誰でも購入できる3日間乗り降り自由な「アラウンド九州きっぷ」も30,000円（子供半額）で発売されています。「アラウンド九州きっぷ」は指定席が6回まで利用可能です（一部除く）。

　ご紹介したこれら2種類の期間限定乗り放題きっぷは連休や年末年始ももちろん利用できます。「ゆふいんの森」「A列車で行こう」「指宿のたまて箱」など、九州を代表する列車ももちろんこのきっぷで楽しむことができます。JR九州の今後の新商品にも期待したいものです。

アクティブ65……65歳以上であれば、「アラウンド九州きっぷ」よりさらに安い「アクティブ65」が利用できます。JR九州全線3日間乗り降り自由で15,000円（大分～熊本間の豊肥本線以北が乗り降り自由な「北部九州版」は8,000円）。利用の際は、年齢を証明するものの携帯が必要です。

観光施設の入場券付き乗車券にはどんな種類があるの?

KYUSHU RAILWAY COMPANY

JR九州では、自社エリアにある有名施設を訪れる人のために、施設入場券付きの企画きっぷの数々も用意しています。山陽新幹線、飛行機、高速バスなどで遠方から来る人も、九州内でこれらのきっぷが使えます。

列車に乗って行楽地へ!

上:福岡ソフトバンクホークスの本拠地・福岡ヤフオク!ドーム
下:南海ホークスをルーツとするホークスの本拠地が福岡に移転して25年。九州各地からJRを利用して観戦に訪れるファンも増加している

　JR九州の企画きっぷの中には、発駅と目的地までの往復のきっぷと、目的地の行楽施設の入場券をセットにしたものがあります。

　「スペースワールド割引きっぷ」「グリーンランド割引きっぷ」は往復のきっぷと施設入場券のセットです。また、「アフリカンサファリきっぷ」はJR九州による別府までの往復、亀の井バスの往復、サファリ入園とジャングルバス乗車券をセットにしたものです。

　ほかにもユニークなラインナップが続きます。「エンジョイ海の中道きっぷ」はJR九州による海ノ中道駅までの往復とマリンワールドおよび海の中道海浜公園の入場券のセット、「『博多座』きっぷ」はJR九州・福岡市営地下鉄の往復きっぷと博多座の観劇券のセットです。

　野球ファンにとって見逃せないのは「ホークス応援きっぷ」。これは、博多駅までのJRの往復きっぷと、福岡ヤフオク!ドームで行われる福岡ソフトバンクホークス主催のプロ野球公式戦の入場券(S指定席3塁側の引換券)がセットになっていて、試合開催日に利用できるきっぷが設定されています。

観光地とのコラボレーション
さまざまな企画乗車券が鉄道の増収に貢献

長崎県佐世保市のテーマパーク「ハウステンボス」。全国区の観光地だが、やはり地元九州での支持は絶大で、JRを利用して訪れるリピーターも多い

鉄道記念館の入場もOK

　九州における鉄道の名所のひとつ、九州鉄道記念館の見学に最適なのが、「九州鉄道記念館きっぷ」です。これはJR九州による門司港駅までの往復と、記念館の入場券がセットになったお得なきっぷです。福岡県内に13の発駅が設定され、有効日数は2日または5日（発駅により異なります）。門司港にゆっくり滞在し、鉄道記念館以外の観光地を回るのもいいですね。

　なお、九州最大のテーマパーク、ハウステンボスへは「**ハウステンボスアクセスきっぷ**」という割引きっぷがありますが、JRの往復のみで、ハウステンボスの入場券は別購入となっています。これはハウステンボスの年間パスポート所持者に対応したものと思われます。発駅は北九州市内、大牟田、新飯塚、新大牟田、熊本、鹿児島中央、大分、佐賀（以上8駅は有効5日間）、諫早、長崎（以上2駅は有効2日間）の10種類を設定。利用列車は発駅により「特急指定席」「新幹線自由席＋特急指定席」「特急自由席」「普通列車」のいずれかが定められています。

> **ハウステンボスアクセスきっぷ**……福岡市内発が設定されていませんが、福岡市内〜ハウステンボス間の「2枚きっぷ」が利用できます。この場合もハウステンボスの入場券は別となりますが、「2枚きっぷ」が割引になっているので、お得です。

JR九州の駅売店で販売されているお土産にはどんなものがあるの?

KYUSHU RAILWAY COMPANY

旅の楽しみのひとつは、お土産選び。観光地が多く「食」も豊かな九州では、駅の店舗でもいろいろなものを見つけることができます。余裕のある移動スケジュールを組み、じっくり探してみましょう。

食からゆるキャラまで多彩なアイテム

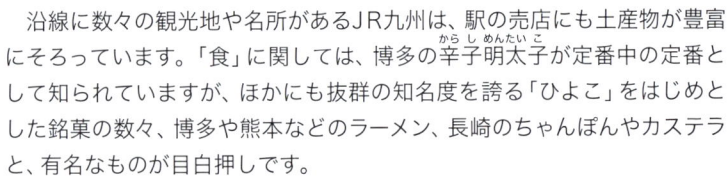

　沿線に数々の観光地や名所があるJR九州は、駅の売店にも土産物が豊富にそろっています。「食」に関しては、博多の辛子明太子が定番中の定番として知られていますが、ほかにも抜群の知名度を誇る「ひよこ」をはじめとした銘菓の数々、博多や熊本などのラーメン、長崎のちゃんぽんやカステラと、有名なものが目白押しです。

　そして近年注目されているのは、今や全国区で人気のゆるキャラ、熊本県の「くまモン」グッズ。Tシャツ、ストラップなど多彩なアイテムがあり、熊本地区はもちろん、博多など県外の店舗でも販売されています。また、九州唯一のプロ野球球団、福岡ソフトバンクホークスのグッズも見逃せません。駅の売店に加え、マイング博多駅名店街（駅構内の商業施設）内のグッズショップでも販売されています。

人吉駅の売店。地元産品が各種取りそろえられている。近年は鉄道グッズや、熊本県のゆるキャラ「くまモン」関連商品の取り扱いも増えている

地元の名産品が並ぶ駅構内ショップ
売店での買い物も鉄道旅行の醍醐味だ

6章 JR九州トリビア

名産品に特化した店舗

　九州の名産の数々をいわゆる「駅ナカ」で販売する、ユニークな店舗もあります。その名は「銘品蔵」。**JR九州リテール**が運営し、めざしているのは「地域一番のお土産専門店」です。地元の有名ブランドや特産品など"本当に良いもの"を取りそろえています。現在ある「銘品蔵」は博多駅新幹線改札内、佐世保駅構内、大分駅の豊後にわさき市場内、そしてフレスタ熊本東館（熊本駅白川口の駅ビル）内の4店舗。

近年駅売店で人気を集めているのが鉄道玩具。写真はJR九州商事が製品化している新幹線のオリジナルチョロQ　写真提供：JR九州

　そのうち最も新しいのは「熊本銘品蔵」で、2013（平成25）年3月にオープンしたばかりです。熊本の銘菓をはじめ、地元特産品の辛子蓮根（れんこん）、馬刺し、熊本ラーメンなど、グルメ派がうなるアイテムがラインナップしています。もちろん「くまモン」のキャラクター商品や、さらに鉄道グッズもあり、品ぞろえはワイドです。

　また、博多駅の「アミュプラザ博多」内には、九州の「食」に特化した「博多小径（こみち）」という店舗があります。これもJR九州リテールによる店舗で、「九州・博多お菓子蔵」「めんたいミュージアム」「うまかもん通り」の3つのゾーンを設けています。

拠点駅には大型の土産物店が出店する。写真は鹿児島中央駅のコンコースにある「みやげ横丁」

> **マメ蔵**
> **JR九州リテール**……JR九州グループ企業で、キヨスクやコンビニ（ファミリーマート）をはじめ、各種小売店舗や飲料の自動販売機などを運営する会社です。1996（平成8）年にジェイアール九州リーテイルとして設立。2005（平成17）年に九州キヨスクと合併、社名変更しました。

JR九州の旅行センター「JR九州旅行」

KYUSHU RAILWAY COMPANY

JR九州グループでは鉄道、バス、宿泊施設といった個別のサービスを提供するだけでなく、JR九州本体に、旅行全般の商品を取り扱う直営部門もあります。店舗の名称は、ズバリ「JR九州旅行」です。

みどりの窓口に併設されることが多いJR九州旅行

◀ 主要駅ほかに店舗を構えた旅行代理店 ▶

　JR九州には旅行事業本部という部門があり、**旅行業務**を取り扱う店舗を「JR九州旅行」と名づけています。1990(平成2)年から旅行業務を開始し、2008(平成20)年に名称を「ジョイロード」から改めました。

　取り扱い内容はJR九州の各種きっぷの販売はもちろん、観光庁登録の旅行業者として国内および海外旅行全般を取り扱っています。JR九州旅行および駅旅行センターの店舗は、福岡地区に22、佐賀地区に3、長崎地区に3、大分地区に4、熊本地区に3、鹿児島地区に2、宮崎地区に2という布陣。いずれもJR九州の駅構内または駅至近のロケーションです。さらに、インターネット通販専門の「JR九州旅行旅の予約支店」があり、合計40店舗となります。

　取りそろえている旅行商品はさまざまですが、JR九州オリジナルのものも豊富です。九州内の旅行はもちろんのこと、九州在住の人が国内のほかの地方へ行く旅、さらに海外旅行もラインナップしています。もちろん、JR九州の高速船「ビートル」を利用したものもあり、そのうち「高速船往復＋ホ

駅構内にある旅行センター
企画商品の開発で売上は大幅増

テル宿泊＋釜山港～ホテル間の送迎」をセットにした「ぶっとびビートル」という募集型企画旅行商品は1泊2日のコースが1万1,800～1万2,800円（2013年8月現在）と、たいへんお得です。

外国人向けのお得なパス

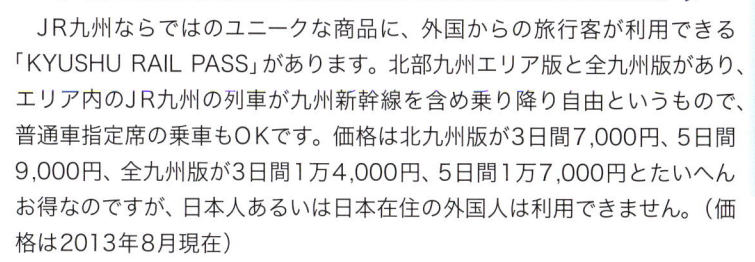

　JR九州ならではのユニークな商品に、外国からの旅行客が利用できる「KYUSHU RAIL PASS」があります。北部九州エリア版と全九州版があり、エリア内のJR九州の列車が九州新幹線を含め乗り降り自由というもので、普通車指定席の乗車もOKです。価格は北九州版が3日間7,000円、5日間9,000円、全九州版が3日間1万4,000円、5日間1万7,000円とたいへんお得なのですが、日本人あるいは日本在住の外国人は利用できません。（価格は2013年8月現在）

　また、インターネット通販では、「eねっ!旅」というネット限定のプランもあります。実店舗販売にはない内容で、豊富な種類がそろっています。インターネットを利用できる方は、ぜひチェックしてみてください。

右：博多駅のみどりの窓口
左：職員の手書き看板が設置されるケースもある

「駅長おすすめシリーズ」とは？

　JR九州旅行によるオリジナル旅行商品のなかには、商品名に「駅長おすすめの湯」と付いた旅行商品があります。これは1994（平成6）年に登場したもので、発売開始以来抜群の売れ行きを誇る人気商品です。商品名にふさわしく、プロの目で選ばれた温泉宿をJR九州の列車を利用して訪れるという魅力的な内容で、パンフレットをじっくり見て行き先を選びたいものです。

旅行業務……JR九州以外のJR旅客各社でも旅行業務を取り扱っています。それぞれの店舗名称は、ツインクルプラザ（JR北海道）、びゅうプラザ（JR東日本）、ジェイアール東海ツアーズ（JR東海）、TiS（JR西日本）、ワープラザ（JR四国）です。

JR九州インターネット列車予約サービスってどんなシステム？

KYUSHU RAILWAY COMPANY

インターネットが広く普及した昨今ですが、JR九州のウェブサイトの中に、「JR九州列車予約サービス」というコーナーがあります。これはどのように利用し、どのようなメリットがあるものなのでしょうか。

いつでもどこでもネットでできる予約

　JR九州インターネット列車予約サービスとは、九州・山陽新幹線を中心に、JR九州・JR西日本の特急列車のきっぷを予約できるサービスです。パソコンでも携帯電話でも利用可能で、お得なネット限定の割引きっぷもあります。

　通常の窓口での指定券の発売は、乗車日の1カ月前からですが、インターネットではさらにその1週間前から事前申し込みができます。混雑する年末年始やお盆などのきっぷを予約する際、このメリットは絶大です。

　支払いにはクレジットカードを利用し、予約画面で購入手続きを済ませた時点で決済されます。そして、実際に乗車する直前にJR九州の駅のみどりの窓口または指定券発売機できっぷを受け取る、という流れです。

　きっぷを受け取る前なら、予約した**指定券の変更**が何回でもOKというのも、インターネット予約のメリットです。ただし、一部の割引きっぷは変更できるのが乗車の3日前までで、東海道新幹線に関わるきっぷなどは対象外であるなど、制約があるので注意してください。

鉄道がますます便利になる JR九州インターネット列車予約

九州・山陽新幹線を中心にJR九州・JR西日本の特急列車のきっぷをインターネットで予約できるサービス。パソコンまたはケータイから予約や変更が可能。さらに、ネット限定の割引きっぷもあります。
※大人・子供あわせて最大7名まで予約できます。

きっぷの受け取りはJR九州みどりの窓口でラクラク。指定券発売機ならさらにスムーズ！
きっぷ受け取り前や指定列車発車前なら指定席の変更が手数料なしで何度でもできます！
※東海道新幹線に関わるきっぷ等、一部のきっぷを除きます。

通常の発売開始前に事前申し込みができる！
駅や窓口でのきっぷの発売開始日（乗車日1カ月前）よりも、さらに1週間前から「事前申し込み」ができます。
※「eきっぷ」、「e早特」、「2枚きっぷ・4枚きっぷ」「九州ネット早特7」を除きます。

シートマップ（空席表）で好きな席を選べる！
※空席が少ない列車、東海道新幹線、一部の列車を除きます。

申し込みは24時間OK

申し込み結果をすぐに確認できるのは、5：30～23：00の間です。その他の時間は一度予約をお預かりし、5：30以降に結果をメールで回答します。列車の出発時刻の6分前まで予約ができます。

出発駅では、予約したきっぷの受け取り、ホームへの移動と時間を要します。混雑も予想されますので、時間に余裕を持ってお越しください。また、指定席券売機を利用することで、窓口に並ばずスムーズに受け取りができます。指定券発売機のある駅は九州新幹線各駅、小倉駅、黒崎駅、折尾駅、香椎駅、行橋駅、佐賀駅、長崎駅、別府駅、大分駅、宮崎駅です。

いつでもどこでも特急列車を予約
新しい時代の鉄道サービスのシンボル

ネット限定のきっぷも用意

では、JR九州のインターネット列車予約サービスはどのようにして利用できるのでしょうか。

最初に必要なのは、「JR九州Web会員」への登録です。これは、パソコンでも携帯電話でもOKで、登録料は無料で年会費もありません。会員登録をしたら、インターネット列車予約のページできっぷの予約をすることができます。取り扱っているきっぷは通常のきっぷのほか、九州ネットきっぷ、九州ネット早特3、九州ネット早特7、eきっぷ、e早特、スーパー早特きっぷ（以上はネット限定のきっぷ）、九州新幹線2枚きっぷ、2枚きっぷ・4枚きっぷ、有明2枚きっぷ、B&Sみやざき2枚きっぷです（2013年9月現在）。

また、「JR九州マイ・ウェイ・クラブ」（50歳以上の女性、60歳以上の男性、60歳以上の人を含む夫婦に入会資格がある、有料の会員制度）の専用きっぷもインターネット列車予約で購入できます。

九州ネットきっぷ・九州ネット早特の運賃早見表（2013年8月現在） ※（ ）内はおトク額

		おねだん※3	九州ネットきっぷ	九州ネット早特3	利用列車
博多	熊本	4,990円	3,500円 (1,490円)	3,000円 (1,990円)	新幹線
	鹿児島中央※1	10,170円	9,000円 (1,170円)	8,500円 (1,670円)	
	佐賀	2,380円	1,100円 (1,280円)	-	特急列車
	長崎	4,580円	3,000円 (1,580円)	2,500円 (2,080円)	
	佐世保	3,770円	2,250円 (1,520円)	2,000円 (1,770円)	
	小倉	2,250円	1,400円 (850円)	-	
	中津	3,770円	2,750円 (1,020円)	-	
	別府	5,420円	3,000円 (2,420円)	2,500円 (2,920円)	
	大分	5,420円	3,000円 (2,420円)	2,500円 (2,920円)	
	宮崎※2	9,140円	5,500円 (3,640円)		
熊本	鹿児島中央	6,760円	6,250円 (510円)	-	新幹線
小倉	大分	4,120円	2,900円 (1,220円)	-	特急列車
大分	宮崎	5,830円	5,000円 (830円)		
宮崎	鹿児島中央	4,120円	2,500円 (1,620円)		

※1 乗車券の区間は「福岡市内〜鹿児島中央」、※2「福岡市内〜宮崎（鹿児島本線・西小倉・日豊本線経由）」
※3「片道の運賃」と「通常のきっぷの指定席特急料金（通常期）」の合計額

指定券の変更……通常の窓口で購入したJRの指定券は、別の指定券への変更が1回に限られています。これに対し、JR九州のインターネット予約では、きっぷ受け取り前であれば、インターネット上で何回でも変更が可能です（一部制約条件あり）。

全国の交通系ICカードと連動する JR九州の「SUGOCA」

KYUSHU RAILWAY COMPANY

全国の交通事業者の間で、きっぷを買わずに列車やバスの乗降ができる交通系ICカードが急速に普及しています。JR九州のカードの名前は、地元の方言を取り入れた「SUGOCA」。その名のとおり「すごい」カードです。

利用エリアが拡大し利便性が向上

JR九州では2009(平成21)年3月に**交通系ICカード**、SUGOCA(すごか)を導入しました。この名前は、「すごい」を意味する地元の方言「すごか」とからめた、ユーモアのあるものです。

ICチップを組み込んだプラスチック製のカードで、鉄道利用の場合は駅の入出場の際に自動改札機にタッチします。プリペイドカードとして使える「SUGOCA乗車券」の無記名式と記名式、さらに定期券の機能も兼ねた「SUGOCA定期券」、「SUGOCA特急定期券(SUGOCAエクセルパス)」という種類があり、「SUGOCA定期券」「SUGOCA特急定期券(SUGOCAエクセルパス)」は福岡市営地下鉄との連絡定期券もOKです。

JR九州の鉄道路線でSUGOCAが利用可能なエリアは「福岡・佐賀・大分・熊本エリア」「長崎エリア」「鹿児島エリア」の3つです。各エリア外ではSUGOCAが使えないので、エリア内からエリア外へ行くときは、あらかじめ全区間の乗車券を購入します。また、複数のエリアにまたがる場合(例えば博多〜長崎間の乗車)も、SUGOCAは使えません。

他社のカードとの相互利用も拡大

また、プリペイドカードの機能を利用し、各種駅ナカ店舗をはじめとしたさまざまな場面で、電子マネーとして支払いに使うことができます。電子マネーの利用だけでなくSUGOCAエリア内の駅までの自由席特急券購入などでもポイントがたまる「SUGOCAポイントサービス」もあり、賢く利用したいものです。

プリペイドカードとして利用するには、事前にチャージ(入金)する必要があります。それには、駅の自動券売機やチャージ機などでの現金チャージと、JQ CARD(JR九州のクレジットカード)によるオートチャージの、2種類の方法があります。

九州にも到来した交通系ICカード時代!
コレクターズアイテムとしても人気

2010(平成22)年3月からは、JR東日本のSuica、福岡市交通局のはやかけん、西日本鉄道のnimocaとの相互利用が可能となりました。翌年には、JR東海のTOICA、JR西日本のICOCAも対象に加わり、さらに2013(平成25)年3月からは全国の交通事業者の交通系ICカードの大半との相互利用が可能になっています。

SUGOCA各種。記念カードの発行も随時行われ、コレクターズアイテムとして人気を集めている　画像提供：JR九州

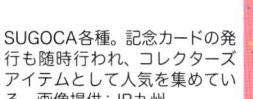

相互利用可能となっている主な交通系ICカード

⇔ 交通・電子マネーとも相互利用可能
⇔ 交通のみ相互利用可能

- nimoca 西日本鉄道 2010-3
- Kitaca JR北海道 2013-3
- PASMO パスモ協議会 2010-3
- はやかけん 福岡市交通局 2010-3
- SUGOCA JR九州
- Suica JR東日本 2013-3
- PiTaPa スルッとKANSAI協議会 2013-3
- ICOCA JR西日本 2011-3
- manaca 名古屋市交通局 名古屋市鉄道 2013-3
- TOICA JR東海 2011-3

全国にはエリアごとにさまざまな交通系ICカードが存在する。当初はエリア内でしか使用することができなかったが、現在では多くのカードと互換性を持つようになった。その結果、首都圏のSuicaやPASMOもJR九州の駅で使用することができ、利便性は飛躍的に向上している

※赤字はSUGOCAとの相互利用開始時期

> **交通系ICカード**……自動改札機と直接触れなくても(薄手の財布などに入れたままのタッチでOK)、情報の読み取りや書き込みが可能なカード。JR各社で最初に採用したのはJR東日本で、Suica(スイカ)という名称です。

JR九州系列の宿泊施設にはどんなものがあるの?

KYUSHU RAILWAY COMPANY

豊富な観光資源がある九州に路線網を持つJR九州。列車を利用してもらうだけでなく、旅の楽しさの演出に欠かせない宿泊施設も手がけています。航空機やバスで九州を訪れたときも、利用してみたいものです。

左:ヨーロッパの古城を思わせるホテルオークラJRハウステンボス　写真提供:JR九州
右:博多駅の博多口に立地するJR九州ホテルブラッサム博多中央　写真提供:JR九州

全7軒がラインナップするJR九州ホテル

　JR九州ホテルグループには、11軒の宿泊施設が名を連ねています。メインとなっているのは、JR九州ホテルズ株式会社が運営しているホテル群です。
　そのラインナップとしてまずあげられるのが、JR九州ホテル。小倉、福岡、博多中央、長崎、熊本、宮崎、鹿児島にあります。このうち福岡と博多中央は「JR九州ホテルブラッサム○○」、それ以外は「JR九州ホテル○○」という名称です。「JR九州ホテル」が主としてビジネス客をターゲットにしているのに対し、「ブラッサム」はより上級なホテルと位置づけられています。これら7軒はいずれも、JR九州の駅に直結あるいは至近のロケーションにあります。
　ほかにJR九州ホテルズの宿泊施設には、「JRホテル屋久島」(名称に「九州」と付きません)もあります。2005(平成17)年開業のリゾートホテルで、東シナ海から太平洋へと続く広大な海を展望できる天然温泉の大浴場や露天風呂もあり、宿泊客以外も日帰りで入浴できます。

駅に近接したロケーションが魅力！トレインビュースポットとしても人気

観光地の宿泊施設も充実

　JR九州グループでは、JR九州ホテルズのほかにも宿泊施設を手がけています。そのひとつは小倉ターミナルビル株式会社による「ステーションホテル小倉」。小倉駅に直結し、宿泊のほか婚礼、会議、宴会、レストランなどのサービスを提供する総合的なホテルです。

　また、ハウステンボスには「ホテルオークラJRハウステンボス」があります。これは、もと「ハウステンボスジェイアール全日空ホテル」だったものを、2012（平成24）年にリブランドしたものです。

　もうひとつ、「別府温泉 竹と椿のお宿 花べっぷ」もJR九州グループに属しています。これは「JR九州の宿 べっぷ荘」を、2012（平成24）年に全面リニューアルのうえ、新しい名称にしたものです。「温かく家庭的で気楽に何度でも泊まりたくなるくつろぎの空間」をめざしています。もちろん温泉があり、女性客限定でミストサウナや高濃度酸素湯マイクロバブルバスも備え、「美と健康」も提供しています。

JR九州ホテルブラッサム博多中央のツインルーム。駅から至近距離にあるハイグレードホテルとして人気が高い
写真提供：JR九州

> **マメ蔵** JR九州ホテルズ……会社の設立は1999（平成11）年4月で、JR九州が100％出資しています。旧社名はジェイアール九州都市開発でしたが、2013（平成25）年4月に現社名になりました。事業内容はホテルの経営、飲食店業などです。

第6章 JR九州トリビア

多角化する
JR九州の関連グループ

KYUSHU RAILWAY COMPANY

JR九州は、傘下に数々のグループ企業を持ち、新規事業にも積極的に取り組んでいます。単に列車を運行して収入を得るだけでなく、さまざまな分野を手がける総合サービス企業として、人々の暮らしを豊かにしているのです。

「35＋1」社による企業グループ

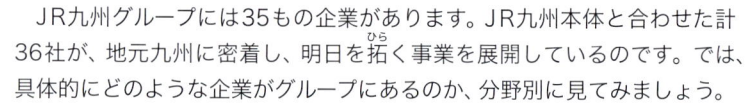

　JR九州グループには35もの企業があります。JR九州本体と合わせた計36社が、地元九州に密着し、明日を拓く事業を展開しているのです。では、具体的にどのような企業がグループにあるのか、分野別に見てみましょう。

　まず、大もとである鉄道に関連した「運輸サービスグループ」が6社、そして「建設グループ」が6社、「駅ビルグループ」が6社、「流通・外食グループ」が6社、「観光レジャーグループ」が3社、「ビジネスサービスグループ」が8社です。また、農業、環境・エネルギー、海外事業など新たな分野にも積極的に取り組んでいます。中国・上海の飲食店の出店、太陽光発電事業やシニアビジネスへの参入など鉄道以外の分野への多角化が進んでいます。特に最近の農業事業の展開には目を見張るものがあります。

好調に推移する実績

　JR九州にとって最初の年となった1987（昭和62）年度、グループ全体の売上高に占めるJR九州自身の比率は81.8％でした。つまり、グループ企業の稼ぎは、全体の2割未満だったというわけです。しかし、民営企業グループとしてさまざまな取り組みにより、事業を逐次拡大していきました。

　JR九州本体の売上高は大きな増減なく推移しますが、グループ企業の売上高は上昇を続けます。そして、21世紀に入るとグループ企業の売上高合計がJR九州を上回り、2012（平成24）年度の売上高の比率は、JR九州が42.7％なのに対し、グループ企業合計は57.3％です。また、2012年度のJR九州グループ全体（JR九州＋グループ企業）の売上高合計は、1987年度の2.85倍へと伸びています。

JR九州ファーム（株）が生産した「うちのたまご」の博多駅直売所。九州だけでなく関東や関西でも購入できる　写真提供：JR九州

国鉄時代から一転！
さまざまな関連事業で鉄道との相乗効果を図る！

JR九州グループ企業一覧

会社名	主な事業内容
運輸サービス	
JR九州メンテナンス（株）	車両整備、駅・車両・ビル清掃・管理、有料老人ホーム
JR九州鉄道営業（株）	駅業務受託
（株）駅レンタカー九州	レンタカー、駐車場管理、カーリース
JR九州高速船（株）	海上運送事業（ビートル）
JR九州バス（株）	旅客自動車運送事業（高速・貸切・乗合）
JR九州エコホス（株）	リネンサプライ業
建設	
九鉄工業（株）	総合建設業
（株）ケイ・エス・ケイ	車両・機械・設備工事業
三軌建設（株）	土木・建設工事業
九州電気システム（株）	電気工事業、電気通信工事業
JR九州コンサルタンツ（株）	建設コンサルタント業、設計業、駐車場
JR九州住宅（株）	注文住宅建設・販売、リフォーム
駅ビル	
（株）JR博多シティ	駅ビル管理・運営（博多）
JR九州ビルマネジメント（株）	駅ビルおよびロードサイド店舗管理・運営、ゴルフ練習場運営
小倉ターミナルビル（株）	駅ビル管理・運営、ホテル経営（小倉）
鹿児島ターミナルビル（株）	駅ビル管理・運営（鹿児島中央）
長崎ターミナルビル（株）	駅ビル管理・運営（長崎）
大分ターミナルビル（株）	駅ビル管理・運営（別府）
流通・外食	
JR九州ドラッグイレブン（株）	ドラッグストア（ドラッグイレブン）経営
JR九州リテール（株）	コンビニ（ファミリーマート等）、駅売店（キヨスク等）、バラエティショップ、スーパー
JR九州フードサービス（株）	飲食店（居酒屋・麺等）、軽食・弁当販売
JR九州ファーストフーズ（株）	ファストフード店
（株）トランドール	パン類製造・販売
分鉄開発（株）	ファストフード店、旅館運営（花べっぷ）、駅業務受託
観光レジャー	
JR九州ハウステンボスホテル（株）	ホテル経営（ホテルオークラJRハウステンボス）
JR九州ホテルズ（株）	ホテル経営（福岡・小倉・長崎・熊本・宮崎・鹿児島・屋久島）
JR九州リゾート開発（株）	ゴルフ場経営（JR内野カントリークラブ）
ビジネスサービス	
JR九州商事（株）	物資の売買、貨物自動車運送
JR九州エージェンシー（株）	広告代理店業
JR九州フィナンシャルマネジメント（株）	リース業、金銭貸付等金融業、財務関連業務受託
JR九州セコム（株）	総合警備業
JR九州システムソリューションズ（株）	通信・情報処理提供、給与厚生業務受託
JR九州ライフサービス（株）	給食・清掃・保養所業務受託
（株）スタジオジェイアール鹿児島	広告、宣伝企画・製作
JR九州シニアライフサポート（株）	有料老人ホーム、訪問介護、通所介護、居宅介護支援

マメ蔵　**農業**……JR九州では2010（平成22）年のニラ栽培に始まり、現在ではミニトマト、たまご、さつまいも、ピーマン、かんきつ類など多岐にわたります。これらの生産・販売を通じて、休耕地の利用や地域の活性化にも一役買っています。

6章　JR九州トリビア

INDEX

英数字

10系・20系気動車	140
103系1500番台	130
151系電車	195
2本社制	169
2枚きっぷ	202
303系	130
415系	137
4枚きっぷ	202
5S心得	12
713系	136
717系	136
783系	128
787系	126
800系	118
811系	134
813系	134
815系	132
817系	132
8620形58654号機	110
883系	124
885系	122
ATC	200
ATS	200
ATS-DK	201
A列車で行こう	117
B&Sみやざき	65
DE10形	146
D&S列車	109
ED76形	147
EF81形	147
FGT	192
HAPPY BIRTHDAY ♪ KYUSHU PASS	205
JR九州	8
JR九州グループ	9・218
JR九州ホテルズ	216
JR九州リテール	209
JR九州高速船	184
JR九州旅行	210
JR西日本221系	135
JR博多シティ	22
KITEN	43
N700系8000番台	120
SL人吉	110
SUGOCA	214
VVVFインバータ制御車	134

あ

赤いかもめ	122
アクアエクスプレス	107
アクティブ65	205
あさかぜ	160
阿蘇駅	44
阿蘇山	45
あそぼーい！	114
甘木鉄道	167
アミュプラザ博多	22
有明	8
いさぶろう	63
磯崎新	31
指宿のたまて箱	116
指宿枕崎線	100
伊万里鉄道	153
海幸山幸	112
海幸彦・山幸彦	112
駅長おすすめシリーズ	211
駅スタンプ	52
駅弁グランプリ	190
大分駅	40
大隅横川駅	46
大村線	84
大畑駅	50
折尾駅	25

か

鹿児島車両センター	36
鹿児島中央駅	36
鹿児島本線	68
香椎線	80
かしわめし	190
風の子	188
上有田駅	47
貨物線	168
かもめ	77
からくり太鼓時計	12

唐津線	84	幸せの鐘	51
唐津鉄道	153	シーサイドライナー	145
嘉例川駅	46	指定券の変更	212
関門トンネル	156	志布志線	98
勧遊舎ひこさん駅	88	車体を傾斜	120
北九州市	24	車両愛称	109
吉都線	96	車両基地	54
キハ125形	144	祝！九州	186
キハ147形	108	準急「ひかり」	159
キハ185系	138	蒸気機関車	163
キハ200形	144	新幹線フェスタ	57
キハ31形	142	しんぺい	63
キハ40系	140	スイッチバック	50
キハ47形	108・140	スペースワールド駅	48
キハ66・67形	140	整備計画	66
キハ82系	164	前面展望席	114
九州新幹線	8	ソニック	124
九州新幹線2枚きっぷ	202		
九州鉄道	150・152・154		
九州鉄道記念館	69・182		

◀ た ▶

九州の鉄道発祥の地	20	第一球磨川橋梁	197
九州旅客鉄道	8	第1次試験車両	192
久大本線	90	高千穂鉄道	167
球磨川	110	田川後藤寺駅	88
くま川鉄道	167	立石峠	73
熊本駅	34	立野駅	92
熊本車両センター	54	旅名人の九州満喫きっぷ	204
熊本総合車両所	56	短絡線	86
くまもとライナー	70	筑前前原駅	130
くまモン	35	筑肥線	82
くろちゃん	114・188	筑豊鉄道	153
交通系ICカード	214	筑豊本線	86
交流50Hz・60Hz	137	地上子	201
国鉄再建法	166	知覧	14
小倉駅	24	千綿駅	85
小倉総合車両センター	58	通票受器	46
後藤寺線	88	つくる2016	9
		つばめ	126

◀ さ ▶

		つばめ電車	23
篠栗線	86	デッドセクション	199
佐世保線	78	鉄道友の会	119
雑餉隈	161	頭端式ホーム	38
山陽鉄道	156	ドーンデザイン研究所	104
		特定地方交通線	166

鳥栖駅 32
凸形車体 146

◀ な ▶

長崎駅 38
長崎本線 76
ななつ星in九州 58・104
なのはな 145
西大山駅 101
西九州ルート 66
日南線 98
にちりん 165
日豊本線 72・124
日本三大車窓 94

◀ は ▶

早岐駅 47・78・84
ハイデッカー 106
ハイパーサルーン 8・128
ハイ・ファイ・セット 180
ハウステンボス 48
ハウステンボスアクセスきっぷ 207
ハウステンボス駅 48
博多駅 20・150
はやとの風 108
バルーンさが駅 77
ビートル 184
東唐津駅 82
肥薩おれんじ鉄道 70
肥薩線 94
日田彦山線 88
日立製作所笠戸事業所 58
人吉市SL展示館 51
日向市駅 43
富士重工業、新潟鐵工所 143
フリーゲージトレイン 67・192
振り子式 122・124・139
ブルートレイン 172
ブルネル賞 43・177
フローティングスラブ 20
豊後森駅 28
ぶんぶん号 41

平成筑豊鉄道 167
ベストアメニティスタジアム 33
ヘルマン・ルムシュッテル 152
豊州鉄道 153
豊肥本線 92

◀ ま ▶

枕崎駅 100
真幸駅 50
松浦鉄道 79・167
三角駅 44
三角線 96
水戸岡鋭治 10・176
南阿蘇鉄道 92・167
南福岡車両区 54
都城駅 75
宮崎駅 42
宮崎空港線 98
宮地駅 93
宮原線 28
宮脇俊三 81
向谷実 178
木材・黒革 132
門司港駅 26

◀ や ▶

矢岳駅 50
由布院駅 30
由布岳 90
ゆふいんの森 106

◀ ら ▶

利用券 203
旅行業務 210
リレーつばめ 171
レストラン「火星」 45
ローズピンク塗装 137
浪漫鉄道 180

参考資料

鉄道ファン 各号
交友社

鉄道ジャーナル 各号
鉄道ジャーナル社

鉄道ピクトリアル 各号
電気車研究会

鉄道ダイヤ情報 各号
交通新聞社

鉄道要覧（平成24年度）
国土交通省鉄道局監修
電気車研究会　2012

**四国・九州ライン 全線・全駅・全配線
第3巻 北九州・筑豊エリア**
川島令三編著
講談社　2013

**四国・九州ライン 全線・全駅・全配線
第4巻 福岡エリア**
川島令三編著
講談社　2013

485系物語
梅原淳著
JTBパブリッシング　2013

JR特急列車年鑑2013
イカロス出版　2012

JR普通列車年鑑2012-2013
イカロス出版　2012

**世界から集客！JR九州・唐池恒二の
お客さまをわくわくさせる発想術**
唐池恒二著
ぱる出版　2011

**水戸岡鋭治の「正しい」鉄道デザイン
─私はなぜ九州新幹線に金箔を貼ったのか？**
水戸岡鋭治著
交通新聞社　2009

九州レール・レディ
奥村美幸著
メディアファクトリー　2008

**九州特急物語
─創業からJR九州までの120年**
石井幸孝著
JTBパブリッシング　2007

九州鉄道の記憶 各巻
宇都宮照信編（IV巻は加地　雄編）
西日本新聞社　2002〜2007

国鉄・JR列車名大事典
寺本光照著
中央書院　2001

国鉄・JR懐かしの駅
─国鉄・JR全線全駅データ完全収録
新人物往来社　1997

国鉄の車両18 九州各線
関崇博、成田冬紀著　諸河久写真
保育社　1984

JR九州

正式名称は九州旅客鉄道株式会社。日本国有鉄道の九州内の旅客営業の大部分を引き継ぐ形で1987(昭和62)年4月1日に発足、九州新幹線(鹿児島ルート)と九州島内の在来線全線の運営を行っている。発足当初は厳しい経営が予想されたが、斬新で画期的な車両やサービスを続々と打ち出し、JRグループの中でも際立った個性を発揮する存在となっている。特にデザイナー・水戸岡鋭治氏がプロデュースする車両・サービス・施設は国際的にも高い評価を獲得しており、JR九州のイメージアップに大きく貢献している。近年では、流通、ホテル、不動産・都市開発、バス事業、ビル管理、老人ホーム運営など様々な関連事業を展開し、九州経済をリードする存在に成長している。代表取締役社長は唐池恒二氏(2013年9月30日現在)。2013年3月期の売上は3,428億円、営業利益は120億円(いずれも連結)。

装丁:一瀬錠二(Art of NOISE)
編集協力:株式会社天夢人(町田てつ、小関秀彦、野口高峰)、
　　　　芳賀郁夫、盛本隆彦、小川浩之、小出文彦、小川裕夫
執筆:松尾よしたか、杉浦誠、草町義和、小川裕夫、杉浦博道、松尾諭、小関秀彦
本文デザイン:渡辺卓也
図案:渡辺卓也
写真提供:JR九州、宇都宮照信、RGG、鉄道博物館、
　　　　松尾諭、ブルボンフォトカントリー、河野孝司、牧野和人、坪内政美

JR九州のひみつ

2013年10月25日　第1版第1刷発行

編　者——PHP研究所
協　力——九州旅客鉄道株式会社
発行者——小林成彦
発行所——株式会社PHP研究所
　　　　東京本部:〒102-8331 千代田区一番町21
　　　　　生活教養出版部　☎03-3239-6227(編集)
　　　　　普及一部　　　　☎03-3239-6233(販売)
　　　　京都本部:〒601-84111 京都市南区西九条北ノ内町11
PHP INTERFACE　http://www.php.co.jp/
印刷・製本所——図書印刷株式会社

© PHP Institute, Inc. 2013 Printed in Japan
落丁・乱丁本の場合は弊社制作管理部(☎03-3239-6226)へご連絡ください。
送料弊社負担にてお取り替えいたします。
ISBN978-4-569-81493-3